O LIVRO TARJA PRETA DE CONSCIÊNCIA

Roma Meu

**POEMAS DA SABEDORIA
COM BASE EM CONSCIÊNCIA ANALÍTICA**

Dra. Sandrà Staff

**Nova Consciência
Editora**

Birigui – SP

DADOS TÉCNICOS DE PUBLICAÇÃO

ROMA MEU

Editorial
Sandrà Staff

Edição
Sandrà Staff

**Projeto Gráfico
e Diagramação**
Sandrà Staff

Capa
Sandrà Staff
Imagem - canva editor

Revisão
Eliane Alves

Prefácio
Sandrà Staff

Birigui/SP, 2022
Sandrasam_a@outlook.com

Dados Internacionais de Catalogação na Publicação (CIP)

(Câmara Brasileira do Livro, SP, Brasil)

Staff, Sandrà
ROMAMEU/ Sandrà Staff – Birigui/:São Paulo, 15.03.2022

ISBN: 978-65-00-41726-5

1.Análise – Autoanálise – 2. Neurociências 3. Metafísica –
Saúde 4. Educação – 5.Metodologia Prática 6.Desenvolvimento
Pessoal - 7.Psicoterapia

CDU 159 901

CARO LEITOR,

Queremos saber sua opinião sobre nossos livros.

Após a leitura, curta-nos no

https://www.facebook.com/profile.php?id=100010725664135 ou

mande uma mensagem para sandrasam_a@outlook.com,

@ativistaconsciencial.

Cadastre-se com sugestões, críticas ou elogios.

Boa leitura!

Minha gratidão,

Deixo expresso aqui meus agradecimentos em primeiro lugar a Deus o criador de todas as coisas. Agradeço aos meus pais Divina e Geraldo que foram meus portais de entrada para esta experiência terrena. Gratidão aos meus 4 irmãos consanguíneos. Gratidão aos meus filhos amados, Karise, Fredy, Fernando e Pedro pela compreensão do meu desejo de me descobrir, evoluir e me transformar. Agradecendo também ao meu amado esposo Edilson Silva, pela paciência e apoio durante a conclusão deste projeto.

Gratidão a esta voz interior por ter contribuído para o meu novo estilo de vida com amor, expandindo sempre elevando o meu padrão vibratório e do planeta cura através da consciência.

Sandrà Staff

SUMÁRIO

Resolvi deixar este prefácio com minhas próprias palavras para mostrar como é profundo o meu mergulho na energética desta obra.

Meu desejo de coração é compartilhá-lo com uma celebridade para angariarmos fundos para pesquisas científicas ou para movimentos filantrópicos voltados a crianças em vulnerabilidade.

Enfim, enquanto esta parceria não chega vou deixar nesta sessão um pouco da história desta obra que vibra em suas mãos.

Este livro é um grande quebra-cabeças desinvertido. E à medida que vamos nos divertindo vamos retomando a junção das peças, conectadas por uma visão mais ampla e contemplativa.

Este livro foi escrito num período de mais de 22 anos, onde ia recebendo inspiração divina em meio a alegrias, desafios, conflitos e naqueles momentos que eu achava que era o fim da linha. Aqui você vai encontrar poemas, poesias, insights, auto orientações. Desejo que acesse a sinfonia de beleza flutuante nas entre linhas.

Enquanto eu ia colhendo estas preciosidades ao longo do tempo, armazenava num baú lacrado, pois, tinha receio que alguém compartilhasse dos meus sentimentos, porém, senti um forte impulso interior me dizendo que já estava na hora de expandir esta luz a todos os que entrassem em sintonia.

E se você está lendo estas páginas não é por acaso. Chegou o momento de entrar em conexão profunda com a sabedoria.

Seja bem vinde ao barco ao qual você já fazia parte e nem sabia!

Com Gratidão, Sandrà Staff

ALGUMAS ORIENTAÇÕES

Desejamos que esta experiência lhe traga sensações, materializações e expansões inéditas em sua vida.

Pedimos que ao terminar cada capítulo Inspire, Expire, lenta e profundamente, feche os olhos por alguns minutos e deixe fluir.

Com este simples exercício você conseguirá memorizar e alimentar suas células com a Luz encapsulada nas palavras deste recheado de Sabedoria.

Experimente tudo, bocado por bocado com uma única expectativa, se conectar ao mais alto grau de Sabedoria contida em você.

INTRODUÇÃO

• Nesta sessão não vou definir a sabedoria, muito menos lhe contar o que você vai encontrar nas páginas seguintes. Destino este espaço como uma esfera interrogativa para suas reflexões. Então fique atento ao que vem a seguir e se conecte a Ela, a Sabedoria: Habite ricamente em vocês a palavra de Cristo; ensinem e aconselhem-se uns aos outros com toda a sabedoria e cantem salmos, hinos e cânticos espirituais com gratidão a Deus em seu coração. Colossenses 3:16

• Se algum de vocês tem falta de sabedoria, peça-a a Deus, que a todos dá livremente, de boa vontade; e lhe será concedida. Tiago 1:5

• Esforço-me para que eles sejam fortalecidos em seu coração, estejam unidos em amor e alcancem toda a riqueza do pleno entendimento, a fim de conhecerem plenamente o mistério de Deus, a saber, Cristo. Nele estão escondidos todos os tesouros da sabedoria e do conhecimento. Colossenses 2:2-3

•	Sejam sábios no procedimento para com os de fora; aproveitem ao máximo todas as oportunidades. Colossenses 4:5

•	O conselho da sabedoria é: Procure obter sabedoria; use tudo o que você possui para adquirir entendimento. Provérbios 4:7

•	Não se enganem. Se algum de vocês pensa que é sábio segundo os padrões desta era, deve tornar-se "louco" para que se torne sábio. 1 Coríntios 3:18

•	Como é feliz o homem que acha a sabedoria, o homem que obtém entendimento, Provérbios 3:13

•	Cada dúvida, cada dificuldade, cada paradoxo que enfrentamos se torna uma abertura para a sabedoria, para a Luz e para as bênçãos. Rav Ashlag

O Pequeno Monstro

O que ele está falando agora?
Talvez – "você não é nada".
Quem sabe – "Você não merece nada".
Ou, talvez – "Você é melhor que todos."
Ele conhece o ponto mais fraco.

24 horas - um casamento eterno
até que a morte os separe.
Hora são correntes pesadas,
hora cetim, veludo e fadas.

Lá dentro ele é forte e persistente.
Ele vem como medos.

Ele assusta com vozes.
Ele injeta gotas do veneno.
Ele quer ser o único ali.

24 horas ele quer ser o único.
Ele se faz de grande.
Ele se mostra aterrorizante.
Ele quer o amor. Quer amor.

Quando olhar para ele,

quando olhar sua imperfeição,

quando fizer as pazes com sua escuridão,

as correntes atadas cairão,

os laços não mais machucarão.

Abrace o monstro da sua escuridão e as luzes surgirão.

APRESENTAÇÃO

Seu Antes e Seu Depois

E se você estivesse em seu último dia aqui na Terra? O que você estaria fazendo neste exato momento? E se alguém lhe sequestrasse e lhe perguntasse sobre o que você gostaria de fazer na sua vida que você ainda não está fazendo? Então, você explicasse dando mil desculpas por não estar realizando o que sua alma deseja fazer. E este sequestrador lhe dissesse que iria te soltar, porém, se você não começasse a realizar iria te procurar e te exterminar. O que você faria? Será que você não começaria sua realização de vida o mais rápido possível?

Eu sempre ouvi dizer que "quando o discípulo está pronto o mestre aparece". Você já percebeu que "o Universo conspira ao nosso favor"?

Esta sinfonia de poemas, pensamentos, insights e mini artigos foi colocada em suas mãos para interiorização, conscientização, mudança de posição, ressonância, reconexão, regeneração e resgate da essência.

Você já ouviu dizer que os vinhos mais antigos são os mais saborosos e que "panela velha é que faz comida boa"? Então segura firme este livro e deguste com satisfação, pois ele demorou 23 anos para ser concluído e está setorizado pela sabedoria que me foi sendo revelada ao longo destes anos em gota a gota.

Nos próximos capítulos você irá mergulhar numa rede vibratória de conversa entre o Eu e a Consciência que ao longo dos anos foi se expandindo ilimitadamente num processo contínuo.

Com esta leitura você irá entrar no túnel do tempo do "antes e depois" tendo a oportunidade de verificar uma inevitável mudança ao termino da leitura destas páginas.

Para iniciar esta leitura de forma analítica e funcional responda estas perguntas para deixar bem claro ao seu cérebro os motivos pelos quais sua alma lhe trouxe até aqui:

Quem é você?

____

____

____

____

Como você está se sentindo neste exato momento onde você está anote a cidade, a data e a hora: Hoje aqui na cidade de _____________, _______de _______as _______:_______estou me sentindo:

____

____

____

____

____

____

____

____

____

Qual o seu objetivo ao ler este livro?

____

____

____

____

Qual o seu maior sonho, aquele que você acredita ser quase impossível realizar mais nesta vida?

____

____

____

____

____

____

Muito prazer em conhecer você! Seja muito bem vinde!

Que o a sabedoria e o amor acompanhem sua jornada.

É meu desejo e minha benção que você encontre Roma que existe em você!

PS.: A cada página lida, pare, feche os olhos um instante, inspire, expire e continue.

Com este simples exercício você conseguirá memorizar e alimentar suas células com a Sabedoria encapsulada em cada palavra.

A LUZ está acesa. Brilhando Dia e Noite.

Só depende da nossa abertura para que ELA nos preencha.

Ela está esperando você encontrar o interruptor!

Sandrà **Staff**

CAPÍTULO 1

O Elemento Terra

CAPÍTULO 1 – O ELEMENTO TERRA

A CAIXA

O que leva o ser humano a gostar tanto das caixas? É só observar, você vai dar um presente, o embala com muitas fitas coloridas, adesivos com mensagens carinhosas, o embrulho é colorido ou brilhante, e pra que se possa acessar o conteúdo o que realmente é seu, o que vai lhe ser útil, o essencial, que encherá os seus olhos de alegria, está lá, no interior da caixa.

E é assim com praticamente tudo que temos, damos ou recebemos: o presente, uma geladeira, um liquidificador, um sapato, um relógio e vai muito além, moramos em verdadeiras caixas, as nossas casas, nossos apartamentos.

Será um hábito tão prazeroso ter tantas caixas, e viver encaixotados?
Em outros aspectos da vida não é diferente, as caixas ainda pré-dominam.

Veja bem! Aspiramos alcançar a magnitude no que fazemos, desejamos transcender nossos talentos, seja liderando equipes ou reinventando a alta tecnologia.

O objetivo é liberar aquilo que temos de melhor e alcançar o coração da multidão, seja colorindo as telas, bailando nas telas ou nos tablados, correndo nas pistas, regendo as orquestras, adoçando as vidas, enriquecendo os paladares ou, cantando para o mundo ouvir-nos.

Mas, lá vem a caixa de novo!! É meio paradoxal, pois, o desejo é sair, transcender, expandir, chegar lá, e colocamos muitas caixas no meio do caminho.

Vamos conhecer algumas poucas delas, uma vez que são muitas, infinitas na contagem:
.As caixas do silencio (-não pode falar nada agora, cale-se!);
As caixas do padrão (-é bom não se mexer agora, não fica bem!);
As caixas da visão do outro (-imagina...o que eles vão pensar!);
As caixas do medo (-eu não tenho coragem! Ou não sei o que pode acontecer, e se der errado?);

As caixas do uniforme...`todos iguais, vai ficar melhor`.

As caixas das regras...e vai longe!

São muitas caixas. Muitas caixas de todos os tamanhos e cores e texturas.

Como transpor tantas caixas? Como sair delas? Como saltar por cima delas? Como passar pelos buracos delas? Como caminhar entre elas?

Como sair da caixa e deixar a luz do talento infinito flutuar e alcançar o coração da multidão que está lá gritando: EU TAMBÉM QUERO APRENDER A SAIR!

EU SOU O QUE SOU

Eu sou a luz no meu caminho
Eu sou a força no caminhar
Eu sou o amor a flamejar
Eu sou a esperança a desfrutar

Eu sou a beleza no navegar
Eu sou a sutileza do brilhar
Eu sou a sabedoria a despontar
Eu sou a imensidão mais que o mar

Eu sou o amor a penetrar
Eu sou a luz de Deus a exalar
Eu sou a alegria a alegrar
Eu sou a harmonia a irradiar

Eu sou a chuva fina a refrescar
Eu sou a água pura a purificar
Eu sou a janela aberta a festejar
Eu sou a luz divina sempre a brilhar

Eu sou o que eu sou

A VOCÊ

Eu quis estar aqui.
Eu escolhi dançar esta
musica.
Entendo que não
consegui
ser total para mim
Por isso falhei com
você.
Neste lugar me alegra
saber
que há muito mais para
ti e para mim.

Aqui é linda sim,
e lá vejo cores que não
tem aqui.
Aqui ou lá, há o meu
lugar, aonde o "nada"
sim é deslumbrante,
onde o sol não tem
razão,
onde a harmonia não
tem refrão,
onde me dissolvo no
indivisível.

Há uma força maior,
uma força que não
força,
um chamado que não
sessa.
Aqui brinco, choro e
danço na gravidade.
Lá, apenas há
liberdade.

Lá o sonho é realizado,
tudo entrelaçado, sem
laços,
flutuante, navegante.

Como te falar de lá, se
eu não estivesse cá?

Como te ver assim, se
eu não estivesse aqui?

Saber que volto lá é
alegria.
A casa sabe
aconchegar.
Sorrio aqui, te amo
aqui

Lá, eu sou tudo.
Lá eu sou tu, sem nada
a murmurar,
sem palavras para
expressar.
Eu sou lá, o que aqui
não dá para explicar.
Aqui valeu a pena
porque tu estas.
Se volto para lá,
continuo a olhar
a tua íris a flamejar.

Não lá a cima, mas, em
todo o lugar para
sempre vou estar.
Se um dia eu lhe
reencontrar aqui, ou lá,
que nenhuma nota ou
acorde consiga
expressar o que haverá
no ar.

Amo
Ama
Amei
Amou
Amarei
Amará
Aqui, lá, em todo o
lugar.

ACERTOS RÁPIDOS

Você é uma jornada

Eu sou, e posso ser a

beleza

Eu sou empoderada,

Eu sou tenaz,

Eu sou exuberante,

Eu sou meiga,

Eu sou suave,

Eu sou doce,

Eu sou amável,

Eu sou amada.

Sim, Perdoei

Pai, eu lhe perdoo –

me perdoe

Mae, eu lhe perdoo –

me perdoe

Pai eu lhe amo

Mãe eu lhe amo

As trilhões de Eus que

vivem em mim, eu lhes

amo.

Eu me amo.

Eu lhe amo.

Solte a gosma

Quero me curar.

Se quero eu ser curado,

vejo onde dói em

minha alma.

Solto o pacote!

Jogo no lixo, a gosma

presa em mim.

Amo-te minha alma.

Eu sou você

Eu sou seus olhos no

espelho,

me ame ou me odeie,

me admire ou me

ignore,

me honre ou desonre.

Quem é você?

Eu sou os seus olhos

no espelho.

QUE BOM QUE VOCE CHEGOU

Sejam bem vindas Maria Alana e Maria Rebeca para mais um ano de conquistas engrandecedoras.

Sejam bem vindos João Gabriel, João Eudilvan, João Marcos e João Tiago. Continuem respeitando a postura de alunos.

A presença de vocês nos dá a certeza de que a perseverança existe e faz bem.

João Rudá, João Ítalo, e Maria Eliete bem vindos aos novos desafios que serão tirados de letra por vocês, mais uma vez.

Maria Marina, João Lucas, e João Gabriel C., pequeninos adoráveis. Exemplos de responsabilidade.

João Marcio M., João Rafael e Maria Greta voltaram para encher esse recinto de serenidade e gana de vencer.

João Ériki, Maria Aninha e Maria Isabela é um prazer recebe-las novamente.

Com vocês esse ambiente fica ainda mais caloroso e alegre.

Cada um em seu horário, reveza-se, para que esse espaço permaneça em perfeito equilíbrio.

Sejam bem vindos Joões e Marias!

E que bom que você chegou também!

VOCÊ PODE, PORQUE NÃO

Ei você pode porque não.

Você pode mudar essa historia.

Cada um de nós tem a chave.

Os suprimentos da alma são inesgotáveis

Exteriorize sua capacidade.

Você pode você consegue.

Você tem a chave.

Não se tranque.

Não cerre as oportunidades.

Olhe para os lados você se dá conta?

Tudo está pronto para você.

Faça bom uso.

Olhe com o coração (sinta).

Como é bom o perfume da vida.

Você pode exalar esse perfume.

Vamos sentir juntos esse perfume vital.

Não pense, apenas sinta.

Será uma experiência incrível.

Você tem a chave para muitas portas.

Então, arrisque-se.

Quando decidir me chame.

Quando quiser me avise.

Quero fazer parte das suas descobertas.

Vamos sentir o perfume da vida.

Você pode você consegue.

Você tem a chave!

ENTREGE

Soltar os laços,

diminuir o ritmo dos passos.

Atentar para a respiração,

inspirar as bênçãos e

expirar a gratidão.

O alvo sempre no coração,

no pulsar leve e humanitário.

Na cadência do subir e descer do pulmão,

o relógio descompassa o tempo real da missão.

Só o ajuste ajuda a melhorar a visão.

O descontente oculto ganha outra forma,

move-se na beleza, na sutileza.

Volta sorridente, centralizado, apaziguado.

Então, vê o círculo todo, o quadro todo, até mesmo

cada triangulo.

Desapegado, libertado, iluminado,

agora, conectado ao corpo e a alma de que é formado.

QUEM É VOCÊ

Quem é você que vê minha alma?

Desperta minha coragem e bom humor.

Faz-me rir do nada,

e me deixa ainda mais apaixonada.

Romantismo não é tudo.

Quero viver acordada,

sendo muito bem amada.

Mas, você só me faz risadas.

Deixa, deixa eu ficar aqui quietinha,

mais uma dose dessas eu fico piradinha.

Aí, sei não! Acho que não volto mais para o chão.

Estou tentando pôr os pés no chão,

e vem você me chamar de amor

com esse seu jeito molecão.

Me deixe aqui com meus papiros.

Será que sou meio aluada?

É nada, é você quem me deixa meio desparafusada.

Deixa, deixa eu ficar aqui quietinha,

mais uma dose dessas eu fico piradinha.

Aí, sei não! Acho que não volto mais para o chão.

Quando vou descer não sei.

Como e onde estou é muito bom.

Menina maluquinha sempre serei.

Tudo é bonito nesta vida.

Vivo sempre inebriada.

Então, me aparece você

e me deixa mais amalucada.

MEU AMOR A CARTA – 1

Esta é mais uma maneira que encontro para falar com você.

A cada dia que passa fica mais bela nossa comunicação.

Cada expressão no seu rosto tem o dom de aquecer meu coração.

Desabrocha minha flor de vida, porque Deus é muito bom conosco.

Suas atitudes me incentivam a evoluir a cada dia mais.

Sinto-me como um sopro prestes a brilhar e brilhar.

Amo seu sorriso, seus gestos carinhosos.

Sem barreiras, nos amamos sem barreiras.

Nossa história é tão bonita. Estamos sempre lado a lado.

O amor nos uniu sem condicionamentos.

Me fez estar cada vez mais perto de ti.

Nossos destinos se cruzaram e como profecia nos tornamos um.

Hoje, sinto-me una com você. O amor aquece nossas almas.

Que bom rir com você. Sair, se divertir ou ficar, apenas estar.

O que desejo é muito simples, a presença brilhante de você.

Sinto que nos abrimos mais um para o outro, quanto mais o tempo passa.

Eu te amo e quero ouvir sua voz enquanto eu puder.

Continue sendo assim. Existindo assim.

Até que a vida eterna nos ampare.

AMIGO

Somos irmãos, mas, iguais não somos não.

Que chatice seria então.

Todos ao mesmo tempo,

jogando as cartas ao vento.

Quem nos serviria de alento?

Você é diferente!

Está sempre plantando uma semente.

Colhendo bom êxito sempre.

Não desanima em momento algum.

É que você não é comum.

Em cada 100 é o número 1.

Você tem potencial.

Chegarás longe com esse diferencial.

E assim até me incentivas.

Adoçando mais a minha vida.

Deixando-a melhor de ser vivida.

Portanto meu amigo,

seja sempre este indivíduo

contente, sábio, aguerrido,

e sobre tudo, meu amigo.

SMAACK - O BEIJO ESTALADO

Parabéns João Zé Maria. Muito amor e muita luz!
Seja sempre apaixonado, alegre e empolgado.
Que seu sorriso abra portas no céu estrelado.

Que os raios profundos do seu coração
atinjam as almas em luz e escuridão.
Que sua simplicidade resplandeça com luxo na
imensidão.

João Zé Maria, que seus dias sejam firmes, serenos e
brilhantes.
Que a tranquilidade seja eterna, até nos momentos
emocionantes.
E que os deuses digam amém para os seus sonhos
mais delirantes.

João Zé Maria, eu poderia escrever mais, mas, o as
palavras fragmentam.
O que te desejo João Zé Maria, é o mel do qual o sol e
alua se alimentam.
Beijos de amor e alegria, como aqueles que espocam,
arrebentam e bochecheiam.

VOLTA PRA CASA

Honro a chegada e o ponto de partida.
As gotas de orvalho marcam o tempo.
O meu tempo é curioso, puro, ousado como
ALADIM.

Aqui dentro onde eu sou o nada
voo livre como o COLIBRI.

E passear entre o SOL amarelo e o mar de GELO
AZUL
faz me curvar como a LUZ na apreciação.

Há sabor de CHOCOLATE QUENTE, de manga
apanhada no pé
que me lembram o sabor que mais gosto.

É aqui dentro onde tudo é liberdade, aqui há muita
claridade.
Na paisagem mutável, coleciono os quadros. Há
beleza em todos.

Em todos os quadros há GOTAS de ORVALHO.
Nas flores do HAVAÍ, no MEL das abelhas nas

cascas.

Nos CABELOS DE MILHO, verdes, amarelos.

Nos MORANGOS protegidos no pé,

nas árvores centenárias, nas águas, nos lagos.

Em tudo há GOTAS DE ORVALHO.

Partir, ou chegar. É um constante estar.

Estar aqui dentro, em casa, há contemplação, gratidão,

claridão.

Há uma janela para a imensidão.

VOCÊ PODE SER MAIS

O que houve? Alegrias o rosto já não as tem!
E me dizes: acredito não poder ser feliz!
Esqueça tudo o que pensas e vem sentindo.

É por amor, para que seus sonhos não se apaguem.
Contemple o Sol e o que ele está dizendo na Luz:

Ei você! Acredite! Você pode ser mais!
Acredite! Você pode ter mais!

Comece a dizer pro mundo: o sucesso é do meu ser.
Por minutos grite como você quer Ser e Ter!

E por amor abrace muitas vezes, pra hoje ser melhor
do que foi ontem
Mirando assim no que está escrito na luz.

Ei você! Acredite! Você pode ser mais!
Acredite! Você pode ter mais! E também fazer mais!

Sou um super-herói, quero ser mais feliz.
Ter mais paz, mais amor, e fazer muito mais

Acredite na luz!

Ei, ei, ei você!

Ei você! Acredite! Você pode ser mais!

Acredite! Você pode ter mais! E também fazer mais!
Acredite! Você pode ser mais! E também fazer mais!

ESPELHO, ESPELHO MEU...

Você já percebeu que beleza está relacionada com algo muito além do que os olhos físicos podem ver? Quando olhamos uma pessoa ou algum lugar histórico, mitológico ou mesmo a simplicidade dos arredores de uma cachoeira agregada às arvores, as pedras na vegetação em harmonia com o som do cair e correr de suas águas, o encanto revelado aos olhos físicos talvez representa apenas 1% do que realmente existe. Isto significa que este um por cento é o apenas o mundo do efeito sendo percebido e que a beleza completa somente poderá ser comtemplada no campo dos 99%.

Quando olhamos para uma pessoa e logo de cara nos simpatizamos com ela, ou quando mesmo sem muito contato próximo admiramos e nos encantamos com sua beleza, realmente não podemos imaginar tudo o que existe agregado a ela nos parâmetros do mundo dos 99%.

É realmente incrível quando olhamos para alguns seres ou para suas imagens. Seres como Mandela, Mahatma Gandhi, Dalai Lama, Sai Baba, Prem Baba, São Francisco de Assis. As imagens das tantas nossas senhoras espalhadas pelo Brasil e pelo mundo, imagens como a de Jesus, Saint Germain e Buda. Por mais que muitas dessas imagens não sejam fotografias reais o que enxergamos nelas vai muito além do que podemos descrever com palavras. Assim, acontece quando olhamos para nós mesmos diante de um espelho.

Quando olhamos realmente para nós em total cumplicidade de olhares conosco mesmo começamos a ver não a beleza dos acessórios metálicos ou pedrarias que enfeitam e muito menos das cores ou das marcas valiosas das etiquetas das roupas que vestimos.

Toda vez que nos despimos ao espelho e observamos imperfeições aqui e ali levantando possibilidades de ajustes com plásticas, pigmentações no físico é apenas o reflexo de ajustes internos que nossa consciência deseja realizar.

Este desejo imenso pela perfeição corporal é o nosso ser interior tentando nos mostrar a necessidade de correções internas, ou seja, alinhamentos, alguns urgentes e outros mais demorados e outros até delicados.

Levando em consideração que a beleza é algo que nossos olhos não podem ver, à medida que avançamos no caminho de alinhamento interior cada vez mais estaremos felizes, nos sentindo completos e harmonizados com o espelho a nossa frente sem a frenética busca por enfeitar o nosso exterior, pois, a beleza vem de dentro para fora irradiando tudo ao nosso redor.

Conta-se que as antigas mulheres dos grandes patriarcas no início da criação eram matronas enormes, porém de beleza inexplicável, admiradas por todos que entrassem em contato com elas.

Conta-se também que essas mulheres carregavam imensa sabedoria, misericórdia, amor, inteligência, força, harmonia, fé e eram verdadeiras representantes da esperança. Elas eram lembradas como a própria beleza personificada.

Então a sugestão é que da próxima vez que estivermos diante de um espelho façamos a seguinte pergunta:
Espelho, espelho meu, existe algo que eu deva transformar no meu eu?

ANJO

Anjo, vida,

é absurdo, inconcebível para mim.

Anjo, como posso me esquecer?

Anjos não aparecem todos os dias na vida da gente.

Hora incerta, não errada!

Nada é por acaso.

Luz, os horizontes se abriram.

Perdoe-me. Desculpe-me.

Eu sei que anjos não aparecem todos os dias na vida da
gente.

Vida, é impossível!

Tenho que fechar as portas.

Não posso correr esse risco.

Majestade, prefiro o sóton que deixar a luz entrar.

Eu, um anjo? Onde estão minhas asas?

Não posso voar!

Perdoe-me. Desculpe-me.

Eu sei que anjos não aparecem todos os dias na vida da
gente.

Mas, prefiro o silencio do meu sótão.

Desculpe-me

Sou imortal

Tú és imortal!

Acredito que um dia eu encontre minhas asas!

COMO RECEBER MILAGRES?

Com as falas, com as atitudes e com os pensamentos estamos plantando sementes o tempo todo.

Se a sua colheita até agora não está sendo boa, basta plantar novas sementes, boas sementes e continuar a plantação que inevitavelmente é diária.

E vai plantando, vai plantando...uma hora essas novas sementes darão os frutos mais lindos e gostosos de acordo com suas novas escolhas.

Faça o teste. Comece agora! Com Amor.

AMOR IMPOSSÍVEL

Somos como o sol e a lua.

Não adianta tentar.

Fugir para nós é o melhor.

Amor não consigo te encontrar.

Nosso amor é impossível.

E minha vida sem ti não faz sentido.

Assim vamos levando.

Vamos seguindo nossos destinos.

Sonhando com o eclipse de amor.

Implorando ao tempo uma chance.

É assim que tem de ser.

Não adianta vida.

Sofrer não é o caso.

Temos de aceitar.

O tempo dará uma chance.

Minha luz, meu bem querer.

A vida dá muitas voltas.

Numa dessas a gente se encontra.

Então o mundo todo vai ver.

A força do amor impossível.

Quando perceberem o eclipse de amor.

À LUZ DE VELAS

Amor, os sinos na toalha, o boneco de neve de
cachecol amarelo, o nosso jantar.
São lembranças. Coisas nossas.

A lingerie vermelha, o lençol de cetim, os nossos
corpos.
São lembranças. Coisas nossas.

A vida nos tirou os planos, mudou nossos sonhos,
dividiu nossos caminhos.
Ainda sinto seu cheiro, vejo seu sorriso, seus olhos
brilhando para mim.
São lembranças. Coisas nossas.

A luz das velas, quantos jantares? As músicas, os
nossos beijos, suas mãos, a minha pele, a minha alma
no seu céu. Agora, são só lembranças. Coisas nossas.

AMIZADE A CORES

É tanta gente, que passa pela gente.

Quanta coisa se vive e se sente.

Se é paixão, amor, amizade a cores,

cultive, colecione amores.

Pois, vou pegar carona

no seu coração,

no taxi, no busão,

no seu carro ou no avião.

Quanta gente, já se topou

e um pouquinho de si

com certeza já deixou.

Se é paixão, amor, amizade a cores

cultive, colecione amores.

Pois, vou pegar carona

no seu coração,

no taxi, no busão,

no seu carro ou no avião.

Então se a gente, se a gente se esbarrar

e a química rolar, ninguém vai nos segurar.

Pois, vou pegar carona

no seu coração,

no taxi, no busão,

no seu carro ou no avião.

QUERIDOS - CARTA 2

Tenham certeza de que o amor não envelhece.

Embora, as vezes possa parecer meio fraco, cansado.

São os pequenos detalhes da convivência que acabam

por iniciar um processo de erosão.

Esse processo é sabiamente vencido por uma proteção

de paciência, bom humor, e reciprocidade de afetos.

Nem os ventos de possíveis crises financeiras,

nem os raios e trovões de qualquer rotina

serão capazes de causar danos a felicidade merecida.

Hoje ao experimentar os mais profundos sentimentos

e a esperança de terem uma vida digna como um casal

que vive um sonho dentro da realidade.

Paz, força e muita serenidade darão a vocês a
felicidade.

ME LEVA

A perfeição não existe
pois, ela incomoda.
O perfeito é calmo, quero mais é agito

Não estou a fim de calmaria
prefiro um sacolejo no meu barco.
Não quero marasmo no meu dia,
venha subir em alegria.

Amor, não queira ser perfeito.
Escorregue, bem de leve.
Se dispa da casca,
tire a máscara.

Se puder tome um banho de agua fria.
Deixe o amor nos levar na maresia
por esses caminhos de harmonia.
A lua e as estrelas aplaudirão
esse nosso amor autêntico.

DIRECIONE SUA LUZ

Há uma parte que somente cada um pode fazer,
somente você poderá fazer por você mesmo, dirigir
sua Luz aqui na terra.

Não espere para a Luz guiar você, é um trabalho
reciproco entre cada um e sua Alma.

Você está aqui para revelar Luz, foi para isso que
veio.
Aprenda a maneira de revelar Luz e Ela lhe trará
sempre o que está a intencionar para se manifestar.

Direcione sua Luz e veja o que acontece.

Mãe

Mãe, seria fácil escrever sobre você,

mas, são tantas as virtudes

que me perco a escrever mesmo que seja a miúde.

Se escrevo sobre amor

mesmo assim eu me desvio.

Pois, todo amor do mundo

perto do seu se torna um fio.

Mae, minha mãezinha

tu que me deste a vida

sempre me encorajava

ao perceber que me abatia.

Sentia-me um afortunado

mesmo nas horas que sofria.

Pois, como um anjo incandescente

com seu amor tu me protegias.

Terminando este poema, gigante mãezinha

meu sentimento é de gratidão.

arremato este poema - te abrindo meu coração.

A COR PÚRPURA

Eu não d'esisti, para você continuar.

Eu estou sonhando, para você continuar a sonhar.

Eu continuo de pé, para você se levantar.

E Se eu grito, é para você não se calar.

A minha grande lanterna vai te clarear.

A cor púrpura para as estrelas purpuras.

Eu vou prosseguir te amando, para você se amar.

Se eu não finjo que não vejo, é para você enxergar

a cor púrpura nas almas purpuras.

Eu me acordo, para você se despertar.

Se eu sorrio é para você se alegrar.

Eu vou te coroar, para você se encantar.

Eu vou tingir, para você sempre existir.

CAPÍTULO 2

O Elemento Ar

CAPÍTULO 2 – O ELEMENTO AR

Trocar amor com Ele

"SE ESTAMOS AQUI PARA TROCAR AMOR COM DEUS", e o que você escolhe diariamente, diariamente, diariamente, diariamente, diariamente...?

É assim, nós recebemos sempre do que estamos dando, inclusive recebemos o que estamos dando a nós mesmos diariamente, pois, se escolher encher o corpo ou a mente de conteúdos que ampliam o medo, desconfiança, ira, traição, misérias, tragédias, maledicências e intrigas para o subconsciente com filmes, noticias, músicas, leituras, com conversas entre parentes e vizinhos e os supostos amigos, o que será que vai acontecer em 3 segundos, 3 min, em 3 dias, 3 semanas, 3 meses, 3 anos? Daqui a 30 anos como você vai estar?

ESCOLHE músicas que reforçam as crenças em amor verdadeiro ou traição...?

ESCOLHE filmes que fortalecem as certezas no bem, no amor e na prosperidade...?

ESCOLHE colocar dentro corpo alimentos que elevam a energia vital ou consomem a energia...?

ESCOLHE beber água, chás e hidratar e elevar a energia ou beber drogas e líquidos gaseificados que vão tornar mais ácido e consequentemente menos saudável a cada dia...?

ESCOLHE observar e elevar as qualidades dos seres ao seu redor sabendo que somos indivíduos imperfeitos e estamos buscando ser feliz fazendo o que sabemos para isso ou julgar as pessoas porque simplesmente não tem o mesmo comportamento e não suprem expectativas...?

ESCOLHE conectar-se com pessoas e coisas que vão lhe aproximar de Deus (do bem, da vida, do amor, da prosperidade, do bom caráter, da ética ou levar a vida de qualquer jeito se conectando com conteúdos e pessoas que só veem miséria e defeitos do mundo e dos seres...?

ESTAMOS ESCOLHENDO SEMPRE, E NO FINAL CADA UM RECEBE OS FRUTOS DE SUAS PRÓPRIAS ESCOLHAS ...estar CONSCIENTE disso é MUITO BOM, pois, sabemos que PODEMOS NO PRESENTE PLANTAR NOVAS SEMENTES e então COMEÇARMOS UMA NOVA Colheita...

Estamos plantando para o corpo, para os relacionamentos e para vida que experimentaremos diariamente, diariamente, diariamente, diariamente, diariamente, diariamente...

GRATIDÃO.

DAR À LUZ

Partindo-te a cabeça,

perfurando-te o peito,

implodindo-te as entranhas,

assim, te tornas um genitor da luz.

Religando-te aos seus espaços,

do seu centro perfurado, do alto a baixo.

Das mil cores eclodidas da semente,

o genitor da luz, se conecta, se funde ao tempo.

O clarão, a brasa, o fogo.

A água, as borbulhas, o gás.

A areia branca, a terra escura firme, a poeira.

O movimento envolvente, o ar, o vento.

A mente libertada,

as emoções desacorrentadas.

O nascimento sem hora marcada.

O genitor da luz repousa, na plenitude, na beleza e

leveza, de suas próprias asas.

JUNHO ESPECIAL

Junho tão menino.
Mês especiar.
O que ele gosta memo
é de festa de arraiar.

A quermesse é animada
e vai até de madrugada.
Core longe o seu Juca
para chamar a
meninada.

Em quermesse tudo
tem.
Tem barraquinhas, tem
leiloes,
Maça do amor também
se vende
para conquistar os
corações.

Alegria é estampada

nas bandeirinhas e
bandeirolas.
Só se acende a fuguera
para a gente se esquecer
das horas.

Santo Antônio está
sorrindo
com a harmonia dessa
festa.
O calor aqui se espalha
logo começa a seresta.

Tem tapioca, tem
quentão,
bolo de milho e
macaxeira.
só não vale passar a
mão
No quindim do Julião.

De bombinha e de
fuguete

as criancinhas sentem
medo.
O sentimento é
provisório
mas cuidado com os
dedos.

Arraiá é divertido
vai até de madrugada.

Garotada tem
permissão
se tiver acompanhada.

Onde tem calor
humano
tudo fica mais gostoso.
Mas, cuidado juliana
Beijá muito é perigoso.

FLORES PARA VOCÊ

Trouxe flores para você
pode escolher.
Trouxe flores para você
Pode escolher.

Margaridas ou hortênsias,
qual vai ser?
Girassóis amarelos com laranja para você.
Tulipas, rosas e orquídeas
ou, amarílis, pode ser?

Trouxe flores para você
pode escolher.
Trouxe flores para você
Pode escolher.

Chuva de prata paro os cabelos pode ser?
Trouxe antúrios gigantes,
copos de leite para se ver.
Lírios brancos, com gardênias ou narcisos
qual vais querer?

O CARA

Eu sou um cara apaixonado.

Um cara valente, um cara arretado.

E quando te vejo desse jeito.

Fico louco enciumado.

Você garota me tira do sério.

Perco o juízo, fico doido.

Menina não faz isso comigo.

Assim esse cara valente não aguenta.

Eu peço arrego coração.

Todos me chamam de o cara.

O cara que enfrenta toro bravo.

Nem uma serpente me dá medo.

Ninguém é páreo para o meu Muk.

Perco o juízo, fico doido.

Menina não faz isso comigo.

Assim esse cara valente não aguenta.

Eu peço arrego coração.

Sou peão de boiadeiro.

Mas, quanto te vejo minha linda.

Meu coração pega fogo.

Por você entrego os pontos.

Perco o juízo, fico doido.

Menina não faz isso comigo.

Assim esse cara valente não aguenta.

Eu peço arrego coração.

PAREI!

Parei! Não dá mais.

Não vou mais me deprimir.

Quero vida nova, cheia de luz.

Sol, senhor sol. Entre meu novo eterno hóspede!

Parei! Não dá mais.

Limpei tudo, joguei tudo fora.

Esvaziei as gavetas da alma.

Tudo novo, nada de lembranças.

O que passou, passou.

Ar puro e brisa fresca me convidam.

Quero isso, sol e muito calor.

Parei! Não dá mais.

Não vou mais sussurrar.

Gritos dizem mais que palavras.

Um olhar fala mais que mil palavras.

Eterno hóspede aqueça-me.

Desejo o seu calor.

JOÃO PEDRINHO

Meu pequeno diamante
que para mim, não tem um preço.
Seu olhar ilumina o mundo
dá sentido a minha vida
A você é que dedico meu sentimento mais profundo.

Meu pequeno grande homem
sua fragilidade me envolve.
Eu me torno cada vez mais forte
para que do mundo sorrateiro
só recebas o que é bom, eu lhe abraço com a sorte

Meu pequeno Joãozinho
este momento é sublime.
Minha aura se espalha e se expande
capaz de alcançar quilômetros
Irradia a todos com o calor do amor.

É PURO AMOR

LA LA LA LA LA, LA LA LA LA LA

Quando o amor entra na historia
tudo fica mais vivo explode o coração.
No campo do amor, as ondas sonoras produzem
sentidos,
sublimam as emoções

LA LA LA LA LA, LA LA LA LA LA

Aqui, agora, beijos soltos como borboletas
cintilam sob a luz.
Selam o desejo na longa viagem
Amar, cantar, amar

LA LA LA LA LA, LA LA LA LA LA

Quando o amor entra na historia
o voo é mais alto no sol onde há recepção.
No campo do amor as ondas sonoras
valseiam o ritmo elevam a multidão.

LA LA LA LA LA, LA LA LA LA LA

QUERIA SABER

Queria saber quem fui eu

quantas vidas vivi

quantas vezes deixei de sorrir.

Preciso me achar para saber,

saber por onde andei

saber com o que eu sonhei.

Sigo caminhando pelas trilhas observando

se um dia eu me encontro para saber de mim.

Queria saber quantas vezes tentei

quantas vezes errei

e quantas vezes acertei.

Preciso me achar para saber

saber por onde andei

saber com o que eu sonhei.

Sigo caminhando pelas trilhas observando,

se um dia eu me encontro para saber de mim.

UM CAMINHO PERFUMADO

Num caminho de flores perfumadas,
de mãos dadas, olhares sorrindo.
Presentes totalmente com a pureza que só as crianças
podem acessar.

Pequeninos na imensidão do infinito
com a sutileza do amor vitalizando de forma premal,
cada canto, cada espaço.
Sem razão de ser, sem porquês, apenas sendo o que
devia ser.

Na intensa mistura de um no outro
explosões atômicas coloridas se elevam no ar.
Os olhos fixos um no outro, brilhantes
duas estrelas lado a lado perpetuam a humanidade a se
encantar, a se encantar e a se encantar

O AGORA, TANTO FAZ - Eu – 42

Quando eu tinha poucos anos minha mãe falava e eu
repetia tudo igualzinho, como um papagaio.
Hoje, saio com ela e percebo que falo e ela repete
igualzinho, tipo, aquele gravador de voz.
A sensação é tão boa quanto a que ela sentia ao me
ouvir imitar as falas dela.

Quando eu tinha poucos anos sei que meu o pai me
trocou fraldas.
Hoje, depois de tanto tempo, muitos anos eu troco as
fraldas do meu querido pai.
E a sensação que tenho deve ser igual a dele comigo a
de socorrer logo, antes que se alastre.

Quando eu tinha poucos anos, minha mãe perdeu
vários compromissos e teve certamente períodos de
atraso nos objetivos, pois, me tinha de cuidar.

Hoje, que tenho muitos anos, passo horas em filas,
pego e facilito tudo o que ela não consegue alcançar.
A sensação é muito boa, apesar da consciência de ter
de esperar um pouco mais os projetos e sonhos, pois a
ela tento ajudar.

Quando eu tinha poucos anos, meu pai, babava todo
bobo quando eu dava passos ou aprendia uma nova
lição.
Hoje que tenho muitos anos, meus olhos brilham
quando percebo seus movimentos, mesmo que lentos,
pois, o sinal da vida flui em esperança.
A sensação de vitória, me enche o coração, e assim
como ele me fazia, ajudo-te e dou-te até aquele
"empurrão".

Quando eu tinha poucos anos, tudo perto de mim era
festa era alegria. Era só eu olhar e eles meu pai e
minha mãe sorriam.
Hoje que tenho muitos anos, se eles não riem fico
preocupada, faço graça, dou até gargalhada.
A sensação é muito boa apesar do medo da escuridão
chegar aos olhos deles, sei que o agora é o que nos
faz. O agora tanto faz.

CAPÍTULO 3

O Elemento Água

APÍTULO 3 - ÁGUA

``A espera do milagre``

Em que área da vida você espera um por grande milagre?

Estamos vivendo dentro de uma reforma planetária intensa, onde as catástrofes tiram a vida das pessoas amadas. Onde as finanças dos países estão quebrando fazendo do medo a companhia mais próxima e mais íntima da grande maioria das pessoas.

Sentindo na pele no dia a dia os efeitos de tantas mudanças, realmente eu acredito que nós devemos crer no Milagre Urgente.

Quantas pessoas vivem a ``espera de um milagre``? Há aquelas que de alguma maneira estão atentas ao global, a face escura e decidem reaprender a viver contribuindo com o Todo. Outras pessoas, enquanto esperam pelo milagre, enxergam o global e se fecham tendo a ingênua ideia de que assim estarão protegidas em seus mini ou mega palácios, adeptas dos antigos ditados ``o que é meu é meu``, ``cada um por si e Deus por todos``.

Os milagres esperados são diversos: ter uma boa saúde para conseguir dormir as noites sem as tarjas vermelhas e pretas; Respirar leve sem contar com os muitos quilos do sobrepeso e da obesidade; Ser livre da imposição de medo diário no ambiente de trabalho que descarrega seu próprio medo da crise como autoproteção em seus colaboradores;

Ir além do medo de não ter uma equipe que consiga ir além de toda a negatividade local para gerar os resultados esperados; que o milagre casamenteiro diga sim; o milagre de ter família unida ao laço que segure a harmonia e a felicidade para todos.

Os milagres esperados variam muito de acordo com cada indivíduo, embora o milagre essencial não se compre e não venha de nenhuma fonte externa ou mesmo de alguma outra pessoa.

Este milagre está fluindo de algo Supremo, uma fonte que nunca se esgota e jamais impõe coisa alguma, oprime, condena ou reprime a qualquer um de nós seres humanos.

Este Milagre jorra de cima e nos permite ver além.

Este milagre pode ser chamado de Amor. Tal fato se inicia ao tomarmos consciência de que o Amor Supremo existe e que podemos deixá-lo nos tomar e nos tornar unos com Ele.

Essa nova consciência nos permite encontrar maneiras de reaprender a viver, vivendo. Assim, podemos encontrar novas formas e fórmulas para ser saudável longe das tarjas que antes pareciam insubstituíveis.

Tomados desse Amor levamos os olhos ao nosso corpo e o enxergamos como um parceiro, um veículo fundamental no percurso rumo ao nosso destino.

É com esse Amor que olhamos para quem oprime e impõe medo a outrem e nos perguntamos: ``qual a minha responsabilidade nisto também``? Só assim invocamos a nossa própria cura para enxergarmos as milhões de possibilidades de entrar numa nova realidade.

É com base neste Amor que observamos o desempenho da equipe e nos perguntamos: como posso obter resultados agindo da maneira que venho agindo com essas pessoas? Qual a minha responsabilidade nisto também?

Em fim, na lista infinita o milagre pode ser emagrecer, engravidar, casar, prosperar, se curar, parar de sofrer ou chorar.

``Pense,`` viver mais feliz só depende de como estamos abrindo espaço para a consciência do Amor atuar em nós mesmos.

O grande Milagre, o Milagre essencial há de brotar primeiro dentro de nós. O Amor é o grande milagre que a humanidade inteira está faminta e sedenta.

Creia! Há muito Amor aqui. Ele está dentro de você, de cada um de nós. 9mDeixe-o ir crescendo e tomando conta de todo seu próprio espaço e verás no espelho que não precisa viver ``a espera de um Milagre´´ pois, o grande milagre é Você. Shalom!

GURU RANDAS

Água no céu, Terra no mar, asas de Fogo no Ar.
A Terra e o Amor são maternais. Guru Ramdas traz a
Paz.
Raio de Luz, transcendental, bolha de amor traz a
Paz!

A HORA ÍNTIMA 9

Enquanto a água entrava no topo da cabeça e escorria

pelo corpo, mãos na nuca era o gesto inconsciente

tentando acessar o portal de respostas.

Olhando para a transparência translúcida da água que

rolava a baixo me peguei perguntando à essência

destas moléculas:

Sim ou não?

Seria o amor que submete-se, sem pensar?

Ou seria a paixão promotora de ações cegas?

Seria o amor o ser de clareza capaz de incitar decisões

apoiadas em alicerce sólidos mesmo na dor?

Ou seria a paixão buscadora destas ilusões sobre

certezas?

Eis que ouço no gotejar da água impregnando meus

cabelos a voz na consciência:

-O ego (o seu eu) vai fazer tudo para lhe ver no limbo.

Quando em seu discurso você estiver se sentindo
todo(a) certinho(a), é aí que ele está agindo. Aí o
perigo está bem próximo.

Nestes casos o ego está tão perto que você não tem a
condição de percebê-lo.
Ele quer levar a ruínas toda a luz circundante que está
a entrar em sua vida, por isso faz você "se achar" e em
consequência deste comportamento fazer você cair na
repetição de um padrão velho já quase desligado
lutando para sobreviver oculto em você.

O Amor deve sobreviver!
Me chame se precisar clarear!
Nós estamos aqui para ajudar!
O seu maior inimigo mora dentro de você, assim
como toda a luz que você tem para expressar e
compartilhar.
Gratidão!

AINDA ESTOU AQUI

Eu estou aqui, aqui dentro a ti olhar.

Olá! Sou eu aqui, eu te vejo como estás.

Por vezes eu vou batendo, nas paredes pra te chamar.

Só escuto seu silêncio nos meus gritos a ecoar.

Por favor me faça um gesto.

Acene ao menos que entendeu.

Estou aqui brilhando, te mostrando quem sou eu euuu

Uo oh oh oh om, Uo oh oh oh om, Uo oh oh oh om,

Ahaa Ra Raa

Eu estou aqui, e quero te ajudar,

a transformar suas paredes, numa grande mesa de

jantar.

Você sabe lá no fundo, por mais que se esqueceu.

Levante as mãos no ar, me diz que compreendeu:

nos meus gritos a doce ordem: enxergue quem sou eu

heuuu...

(No espelho eu vejo os olhos.

Eu sinto esses raios.

Ouço alguém querendo me acordar

no som como um mantra.)

Uo oh oh oh om, Uo oh oh oh om, Uo oh oh oh om,

Ahaa Ra Raa

Ahaa Ra Raa

Ahaa Ra Raa

PORQUE TE AMO - CARTA 3

Eu amo você!
Eu amo você porque
você respira.
Eu amo você porque
você é um ser vivente.
Eu amo você porque
estas em toda parte.
Eu amo você por que
seus olhos têm brilho.
Eu amo você porque
você está aqui.

Eu amo você!
Eu amo você!
Eu amo você!

Amo você porque você
sempre se mostra
de alguma forma,
em alguma forma,
Eu amo você e cada
pequena parte sua.

Eu amo você!
Eu amo você!
Eu amo você!

Eu amo você porque és
quem és.
Eu amo você por que tu
és.
Eu te amo de graça.

Eu amo você!
Eu amo em você!
Eu amo só você!

Eu amo você porque
você trabalha.
Eu amo você porque
você come.
Eu amo você porque
você ri.
Eu amo você porque
você chora.

Eu amo você porque
você sabe ir e vir
embora.

Eu amo você!
Eu amo em você!
Eu amo só você!

Eu amo você porque
você canta.
Eu amo você porque
você joga.
Eu amo você porque
estudas.
Eu amo você porque
não faz nada.
Eu amo você porque és
brilhante.

Eu amo você!
Eu amo em você!
Eu amo só você!

Eu amo você porque
gosta de aparecer.
Eu amo você porque sei
que estas no meio.
Eu amo você porque
busca a gente.
Eu amo você porque
julga saber algo.
Eu amo você porque
julga não ser.

Eu amo você!
Eu amo em você!
Eu amo só você!

Eu amo você porque és
ancião ou infante.
Eu amo você no seu
sexo.
Eu amo você na sua
mentalidade.

O DOCE AZUL ABSOLUTO

Me aproximar de você.

Trocar amor o dia e a noite inteira.

Você faz meu coração derramar em vulcão Azul,

azul doce e perfumado.

Hare Krishna, Hare Krishna, Hare Krishna

Abra a cortina, abra a cortina.

Que eu mereça apreciar sua beleza.

Que eu troque a solidão e a repetição

por alegria banhada no suor azul doce e perfumado.

Krishna, Krishna, Hare, Hare

Permita-me ver sua face.

Permita-me tocar sua face.

Permita-me sentir o gosto azul doce e suave.

Eu abri as correntes em que eu me prendia.

Saltei-me nas ondas sonoras e

mergulhei no azul doce, suave e absoluto.

Hare rama, Hare rama, Hare rama

Abra a cortina, abra a cortina.

Que eu mereça, pois, estou aqui agora.

Eu abri as correntes dos pés em que eu me prendia

para sentir o doce, suave e absoluto azul.

Rama, Rama, Hare Hare.

EI VOCÊ

Ei você! Não repare tudo bagunçado aqui dentro.

Está tudo meio confuso, mas, posso viver.

Sei que não é um mal, por isso entre e ajude-me.

Lembras quando passou,

foi como um vento forte que deixou

tudo fora do lugar,

por isso, entre e ajude-me

Ei você! Preciso arrumar isso tudo aqui.

Deixar assim vai ficar pior.

Olhe meu jardim, como estão minhas rosas:

sedentas de um beijo.

OS 3 PRESENTES

Depressão não é frescura, é tão sério que mata mais que guerra.

A pessoa entra numa situação depressiva que ela nem percebe e ela vai definhando.

A depressão tem disfarces. Ela tira todos os ânimos da vida. É uma névoa negra dentro e fora.

A depressão é o maior egoísmo que existe. É uma dor intensa, parecia que tudo ao redor estava contra mim eu achei que o mundo estava contra mim.

A imagem era que até Deus tinha sido injusto, o pai e a mãe não sei o quê.

Estava faltando eu olhar para o mundo e fazer caridade, falta eu ver a dor do outro.

Uma pessoa que deixa de tomar banho 1 dia, 2 dias está com começo de depressão? Cuidado! A preguiça é uns dos fatores crônicos da depressão.

Uma pessoa que é "workaholic", que não para de trabalhar, é dinâmica, é ativa, aparentemente não tem preguiça nenhuma, ela também está em depressão. E tem preguiça de mudar a visão, mudar de direção.

São dois extremos: aquele que te derruba ou aquele que te movimenta o tempo todo para você não pensar em nada.

A Depressão chega, se manifesta e durante muitos anos e você não a percebe. Pode ser quando você tem que fazer tudo o que os outros querem, ou, quando você cresce sobre pressão, não conhece o seu eu verdadeiro.

Ou, quando você sabe o que você quer, mas, não consegue ser do seu jeito. Os "livros sagrados" sempre falam da "simplicidade de viver".

Na passagem Lucas 12,29-31diz: Não vos inquieteis com o que haveis de comer ou beber; e não andeis com vãs preocupações. Porque os homens do mundo é que se preocupam com todas estas coisas.

Mas, vosso Pai bem sabe de tudo o que precisais. Buscai antes o Reino de Deus e a sua justiça e todas estas coisas vos serão dadas por acréscimo.

Depressão significa que você está se desviando da sua lei verdadeira interior, da sua fonte interna de sabedoria e tudo que você está fazendo está sendo empurrado por alguém ou crenças errôneas bloqueando o fluir a sua lei interna.

HORA INTIMA II

Com quem falar?

Falo a mim mesma.

Não é bom não ter alguém.

Alguém para dividir momentos.

Alguém para dividir sentimentos.

Fico horas conversando comigo mesma.

Eu me entendo, só eu me entendo.

Por isso gosto tanto da minha companhia.

Eu me ouço, meus botões falam comigo.

Coisas que penso só eu entendo.

Meu eu psico obrigada por entender meu mundo.

Meu eu divã só você tem as respostas.

Me conheces como nem eu mesma.

Sabe dos meus desejos, sonhos e paixões.

Meu eu confidente, a você posso contar.

Para que eu possa me entender melhor.

E resolver questões que somente você meu eu,

conhece

CLASSIFICADOS PEÉTICOS

COMPRA-SE UM FORNO

Não precisa ser à lenha.

Que asse bolo de neve.

Que gratine chicletes de menta.

Que doure a cor pastel.

Que seque lagrimas correntes.

Que cozinhe o coração duro.

Que exale cheiro de flores e amores.

TROCA-SE SANDÁLIAS

Tenho sandálias vermelhas, mas, bem conservadas

As tiras estão amassadas, por muito tempo usadas

Troco por um tamanco, elegante e ousado

Quem tiver interesse me procure no telhado

NÃO LHE INTERESSA

Meus sentimentos me dizem quem sou.

Dos contras, dos paradoxos.

Tudo vale a pena por amor,

pois, o amor jamais permite o que não é bom.

Tentei muitas vezes mudar.

Mudar de tom, de gênero, fazer outro tipo.

Me segurei, fiz careta, até um fado cantei.

Não suportei, não me arranjei, não fui leal comigo.

Eu tenho esse jeito mesmo.

Sei lá, o que é natu, não muda.

Meu faro é certeiro, como de um cão perdigueiro.

Importei um pouco de marra, mas, que bom, minha essência
não mudará.

Amar, amor, sorrir, não sentir dor.

Eu prefiro ser assim, eu mesma,

que ficar presa em meu helmo.

Quero ser livre para a beleza contemplar.

Se vivo acordada não sei.

Não sei se é meu o céu que contemplei.

Retomo agora de onde falhei e perdoo tudo o que errei.

Agradeço ao supremo que assim de puro bem me fez.

CLASSIFICADOS POÉTICOS

PROCURA-SE UM ÁTOMO

Procura-se um átomo sereno

Que seja leve e ameno

Que saiba sorrir no sereno

Um átomo pequeno

Que ao seu tempo vá crescendo.

VENDE-SE UMA VIDA

Ela tem a vista boa

Viaja de canoa

Come rajadas de vento

Sabe tudo dos eventos

Sabe soltar bem os cintos

Não se aperta e causa mitos

SEJA RICO

Pense bonito, pense grande, pense elegante, pense leveza, pense belezas, pense força, pense amor, pense sabedorias, pense gentilezas, pense cheiroso, pense harmonia, pense inteligências, pense gostoso, pense pureza, pense riquezas.

Tudo o que você vive, tudo o que lhe aconteceu ou virá a acontecer, começou ou começa agora no seu pensamento. Riqueza, pobreza, saúde, doença - em que você tem pensado?

O seu pensamento se transformará em falas, em diálogos internos ou conversas com terceiros.

Logo em seguida da sua língua e pensamentos, surgirão as ações, reações e acontecimentos que lhe chegarão preenchendo e movimentando sua vida de acordo com a qualidade do seu pensar Rico ou Pobre.

PS.: APRENDA A HONRAR INCONDICIONALMENTE AS RIQUEZAS DIVINAS QUE HABITAM SEU CORAÇÃO.

O TEMPO E O VENTO

Perdida num ponto do tempo, ouço a voz do vento.
Eu não sei se é verdade, mas, o ouço soprar-me
palavras:
-Há guerras, feitas para perder.
-Há dores feitas para doer.
-Há temores feitos para tremer.

Na linha do tempo apagada pelo vento, em nevoeiro
denso, lento e causticante,
olho para um lado, há deserção.
olho para o outro, há multidão.
qual será ilusão?

Meio parada, as vezes embargada, ouço a voz do
vento.
Eu não sei se é verdade, mas, o ouço soprar-me
palavras:
-Há amores que não são para beijos.
-Há amores que não são para leitos.
-Há amores que lavam ferrugem dos peitos.

Deslizo então em esferas, ora verdes, ora amarelas, e
até nas paralelas.
Amarrotada pelo tempo, bagunçada pelo vento,
procuro bugs e faço fogueira com luzes.

Numa galáxia, num recorte do tempo, o vento é
manso e frio como gelo.

De repente, a voz do vento como um mensageiro do
tempo sopra-me palavras:
-Há verdades encantadas.
-Há janelas que estão trancadas.
-Há resistências para serem queimadas.

No tempo magoado pelo vento, vejo o vento
desbotado pelo tempo.
Enquanto passeio no vaco em movimento, suspiro
fundo a encarar os surgimentos.

No tempo imorredouro, tem saci, pião, boneca e
avião.
Eu não sei se é verdade, mas, ouço a voz quente do
vento soprar-me palavras:
-Há tapetes que não voam.
-Há sinos que não soam.
-Há peneiras que não coam.

Não sei qual é a verdade e como o tempo é de
eternidade,
cavalgo firme no vento de miragem a miragem.

UMA NOVA CONSCIÊNCIA

Quando irá perceber que outros seres não devem ser sacrificados para manter a sua saúde humana?

Quando você será capaz de ir além do que alguns médicos e algumas instituições de ensino falam sobre a necessidade de comer animais para sermos fortes e saudáveis?

Quando irá perceber que é possível viver sem a "nutrição cadaverina e putrefina" e inundando seus átomos, suas células de toxinas e da consciência animalesca dos variados tipos de animais sacrificados para alimentar você?

Quando irá decidir ficar livre do medo e da raiva potencializados injetados no seu sistema neuronal pela ingestão das carnes dos animais que morrem de medo, de pânico e de raiva ao serem assassinados brutalmente para simplesmente "alimentar você"?

"o homem não é o centro de tudo, mas, um elemento no meio de tudo".

O homem quer viver sem medo, viver saudável, mas a lei do retorno, a lei da ação e reação existem, quer a gente aceite ou não. Você conhece as leis universais?

Você já foi capaz de perceber como você se sente quando participa de um churrasco ou mesmo quando você se alimenta em casa com algum tipo de carne?

Você já foi capaz de perceber sua respiração?

Você já foi capaz de perceber como você reage aos fatos e pessoas, logo após uma overdose de toxina animal?

Há quantos anos você come churrasco, carne assada, frango assado, macarrão de carne moída, feijoada, farofa de calabresa aos domingos e feriados e em datas festivas?

Você acredita que irá realizar algo diferente fazendo as mesmas coisas a sua vida inteira?

Acredito que somos o que comemos pela boca, pelos olhos e pelos ouvidos...

O QUE É NECESSÁRIO PARA UMA NOVA CONSCIÊNCIA

1. O primeiro passo é se perceber...PERCEBA-SE!

2. O segundo passo é fazer escolhas conscientes dos resultados que ira ter - SEJA SELETIVO!

3. O terceiro passo é fazer perguntas sempre conforme for mudando suas experiências – QUESTIONE-SE!

Perguntas poderosas que podem ajudar:

Quem sou?

De onde vim?

Para onde vou?

O que é a realidade?

O que devo fazer para viver melhor?

Como viver bem nesta realidade que eu vejo?

Eu devo aprender para ser livre?

O que eu devo aprender para ser feliz?

Estamos no mesmo barco da vida?

Somos irmãos?

Somos Um?

CAPÍTULO 4

O Elemento

Fogo

CAPÚTULO 4 - FOGO

Tesouro oculto

Às vezes o desanimo e a fraqueza fazem tudo para nos abater, desistir de nossos objetivos e esquecer nossos sonhos.

Num pequeno flash colocam em risco tudo o que almejamos.

Vetam nossos desejos e nossas perspectivas.

Mas, basta puxar lá do fundo um fiozinho de esperança, que logo surgem a garra e a coragem que nos impele à volta.

Quando isso acontece retornamos mais fortes, dispostos a derrubar a barreira óbice e desgastante.

A prevenção a tudo isso está em nós, dentro de cada um de nós.

Cada ser é um tesouro provido de armaria que são grandes preciosidades: os nossos pensamentos.

Pensemos positivo. Falemos coisas boas, pois, podemos contar sobretudo com a ubiquidade divina em qualquer circunstância de nossas vidas.

E de quem quer seja a batalha, entre subtrações e adições, tudo vai dar certo!

PRAZER, EU SOU A VIDA

Eu sou meiga demais, por você sou capaz de iluminar até a
lua
Eu sou o mergulho sem olhos abertos e tato esperto.
Eu sou linda de olhar e ao te ver passar, me transfiro à sua.
Eu sou o doce, no amargo do fim que sempre recomeça.

 Eu sou a valsa, o tango, o funk e o dance, dançando,
dançando.
Eu sou o fogo efeito do vento, e o sol brilhando na face.
Eu sou as penas roxas da ave no chão do ipê.
"Eu sou a cabeça feita, a musa perfeita que qualquer poeta
quer."

Eu sou o salto da montanha de braços abertos.
"Eu sou a torta de morango com creme de chantilly".
Eu sou o abraço gostoso do fim da saudade.
"Eu sou o chocolate com licor de cereja".

 "Eu sou o sorvete especial de sobremesa"
Eu sou o alívio daquele sonho não realizado.
"Eu sou a criança esperta que na hora certa, sei ser mulher"
Eu sou a coisa mais gostosa, e eu te convenci.

EU VI

Eu vi a cor da maçã.

Eu vi os olhos dele.

Eu beijei a sua face.

Eu quis tocar os seus lábios.

Eu vi a cor da maçã.

Eu vi as suas mãos.

Eu toquei os seus cabelos.

Eu quis, abraçar o seu corpo.

Eu vi a cor da maçã.

Eu vi o seu sorriso.

Eu vi os seus lábios entreabertos.

Eu quis provar a substância da sua boca.

Eu vi a cor da maçã.

Eu vi você debaixo do sol.

Eu vi sua pele iluminada.

Eu quis penetrar você.

Eu vi a cor da maçã.

Eu vi você flutuar.

Eu vi os meus pés em cima dos seus.

Eu senti aquele cheiro no ar.

Eu quis te abraçar e assim ficar.

PARA QUE SERVE SUA BOCA?

A boca não é um instrumento do corpo para assimilar sabores, triturar alimentos, respirar, beijar, ou falar para ser ouvido.

Mais que tudo isso a boca é uma entidade divina por onde expressamos nossos pensamentos de forma audível para que as pessoas possam ouvir o que estamos pensando.

Esta magnífica ferramenta do veículo corpo, a BOCA é sua aliada para criar céu ou inferno para você e para o mundo.

Com um pouco de atenção você perceberá que o que sai de sua boca pode ajudar a construir ou destruir, dar vida ou matar, honrar ou desonrar, iluminar ou murchar tudo aquilo que for seu alvo no momento.

Se você não sabe da qualidade ou da força que tem seus pensamentos, não expresse-os falando. O silencio será a melhor opção, pois, assim você não usa o segundo nível da manifestação (o ato de falar) o verbo.

Que consigamos mesmo nas frustrações, medos, raivas, desejos genuínos ou egoístas usar a BOCA para fazer o bem.

Temos de estar atentos, pois, tudo o que expressamos pela fala CRIA e o primeiro a ser afetado é sempre o próprio emissor.

Seja hoje um ser que abençoe!
Seja hoje um ser que una!
seja hoje um ser que vivifique!
Seja hoje um ser que honre!
Seja hoje um ser que enriqueça!
Seja hoje um ser que agradeça!
Seja hoje um ser mais consciente!
Seja hoje um ser mais cheio de amor! (Poema de Sandrà Staff)

PAI

Prazer é ter você do meu lado, fortaleza de amor, meu amparo, meu esteio.

Anjo que todos devem apreciar a proteção.

Incrível é o amor que sinto por você, papai, Deus te proteja e te guarde para todo o sempre.

O NOME DELE? É ANA.
Descendo, subindo,
descendo. Ops!
Rosa. azul. Azul. Rosa.
No meio de nós, está
ele.
Ana entrelaçando,
Transcendendo,
envolvendo.
Criando, conectando,
obedecendo, fazendo e
desfazendo.

O nome dele é Ana.
Ana para a água, Ana
para o fogo.

Ana para a terra, Ana
para o ar.
Ana para o vento, Ana
para o tempo.
Ana para o riso, Ana
para o chorar.

O nome dele é Ana.
Ana para a primavera,
Ana para o outono.
Ana para o inverno,
Ana para o verão.
Ana para o nevar, Ana
para o esverdear.

Ana para o esfumaçar,
Ana para o
moranguear.

O nome dele é Ana.
Ana para o giz, Ana
para os óculos.
Ana para o
estetoscópio, Ana para
o telescópio.
Ana para o mudar, Ana
para o pulsar.
Ana para o pensar, Ana
para o inspirar.

O nome dele é Ana.
Ana para o plantar,
Ana para o cortar.
Ana para o regar, Ana
para o dar.
Ana para o olhar, Ana
para o falar.
Ana para o escutar,
Ana para o Silenciar.

O nome dele é Ana.
Ana para o tocar, Ana
para ser o tocado.
Ana para o gritar, Ana
para o observar.
Ana para o cozinhar,
Ana para o fritar.
Ana para o vibrar, Ana
para o respirar.

O nome dele é Ana.
Ana para o dançar,
Ana para o beijar.
Ana para o brigar, Ana
para o faltar.
Ana para o gemer, Ana
para o sussurrar.
Ana para o gozar, Ana
para o amar.

O nome dele é Ana.
Ana para o berrar, Ana
para se alimentar.
Ana para celebrar, Ana
para testemunhar.

Ana para o acreditar,
Ana para o duvidar.
Ana para o cantar, Ana
para o brincar.

O nome dele é Ana.
Ana para mim, Ana
para você.
Ana para o criar, Ana
para o velar.
Ana para o juntar, Ana
para o espalhar.
Ana para o deixar, Ana
para o ficar.

 O nome dele é Ana.
Ana para o pintar, Ana
para o desenhar.
Ana para o observar,
Ana para o pulsar.
Ana para o mergulhar,
Ana para o penetrar
Ana para o navegar,
Ana para o embaralhar

O nome dele é Ana.
Tagarela no silêncio.
Sorrindo com sua
nuance sutil

O nome dele é Ana
Ana para a bola, Ana
para a boneca
Ana para o Sol, Ana
para a Lua
Ana para o Sul, Ana
para o Norte
Ana para o Leste, Ana
para o oeste

O nome dele é Ana
Ana para o perfumar,
Ana para o concertar
Ana para o despregar,
Ana para o bagunçar
Ana para o perguntar,
Ana para o memorizar.
Ana para o buscar, Ana
pra o reformar.

O nome dele é Ana.

Ana para o encontrar,

Ana para o estar.

Ana para o aceitar,

Ana para o apagar.

Ana para o desfrutar,

Ana para o

transbordar.

Ana para o Meditar,

Ana para o perpetuar.

O nome dele é Ana.

Para cima, para baixo.

Para dentro, para fora.

Rosa, azul, dourado,

violeta, a cor que

quiser dar.

O nome dele é Ana,

em todo lugar.

INSPIRAÇÃO

Que bom, você veio!

Há muito tempo não sentia sua presença.

Toda minha vivacidade,

Amor, alegria podem contar com você.

Para exteriorizar os meus mais variados sentimentos.

Inspiração, por onde andavas?

Quero aproveitar sua magia.

Deixar fluir todas as fantasias.

E esquecer que exista algo que desaprove.

Na nossa realidade tudo se pode.

Deixe-me navegar por esse oceano de luz.

Me leva para bem longe.

Para os caminhos de paz.

Tudo envolto por ti, inspiração.

Enriqueço-me suavemente de felicidade.

Inspiração, por onde andavas?

Quero aproveitar sua magia.

Deixar fluir todas as fantasias.

E esquecer que exista algo que desaprove.

Na nossa realidade tudo se pode.

O CAMINHO

Veja bem...
Você está fazendo uma viagem em seu Veículo
rumo ao destino.
Existem vários caminhos, várias possibilidades de
chegar lá.

Alguns caminhos têm muitas pedras, subidas e
decidas, morros enormes, e muitas variações
climáticas em alguns trechos podem acontecer.

Embora haja muitos caminhos mais planos como
verdadeiros tapetes vermelhos com uns climas
ótimos e com pedras que não chegam a incomodar,
há questões que não querem calar:

Por qual razão você coloca seu veículo nesses
caminhos tão pedregosos?

Por qual motivo você não escolhe caminhos planos,
equilibrados que te levem ao seu destino com mais
Tranquilidade?
E se você soubesse como fazer suas escolhas?

E se você soubesse se manter nos caminhos onde
pudesse apreciar cada momento com sua
beleza...cada Agora?

E se você soubesse que o seu veículo o fará chegar
Lá?

DAR OU RECEBER?

Um amigo me perguntou: Dar ou receber, o que é
mais importante?

Expliquei sob o meu ponto de vista que: Recebemos
o tempo todo, desde o momento da nossa primeira
respiração quando chegamos aqui.

Então, dar é muito importante, para manter o fluxo.

Existem muitas maneiras de dar, uma delas é
sabendo receber.

COMO DESCANSAR EM DEUS?

Recebi esta pergunta hoje e quero compartilhar com você. Enquanto eu realizava algumas tarefas aqui em casa, enquanto eu limpava a mesa de vidro e o pano com detergente ia para lá e para cá, eu me perguntava: COMO DESCANSAR EM DEUS, e o que me veio na mente foi que descansar em Deus é desapegar-se.

E que desapegar-se NÃO SIGNIFICA DEIXAR DE AMAR, NÃO SIGNIFICA NÃO DAR IMPORTÂNCIA.

Desapegar é soltar. É saber que você está fazendo o que tem de ser feito, na hora em que tem de ser feito, desejando o melhor, fazendo o seu melhor e aí entregar o resultado para Deus.

Muitas vezes nos deparamos com um familiar doente, ou com qualquer outro tipo de problema e não sabemos como de fato ajudar, pois, ele é um indivíduo com suas próprias crenças, valores e hábitos. Por vezes um amigo nos pede ajuda e não conseguimos fazê-lo ver o quadro todo.

Para a nossa vida, temos planos, objetivos, metas e queremos realizar, queremos ser reconhecidos e acabamos fazendo milhares de coisas durante a semana, meses ou anos esperando que os resultados apareçam.

Descansar em Deus é Soltar, assim como diz o professor de Física Quântica Hélio Couto, ``Solta que Vem``. Então, vamos fazer o que tem de ser feito, dando o melhor, com intenções limpas. Vamos soltar, pois, o Universo sempre vai trazer a mesma frequência de vibração que enviamos. ``Tudo o que vai, volta``. Sim, a mesma vibração que emitimos com nossas ações, pensamentos, intensões irá voltar na mesma qualidade.

Vamos supor que você escreveu a lápis que deseja um emprego para trabalhar nas Casas Bahia, jogou este desejo para o universo, e de repente você consegue uma vaga nas Casas Pernamb. Por mais que não seja exatamente o que você escreveu no seu pedido a lápis, o que vale é o sentimento gerado em você. Por mais que a circunstâncias sejam diferentes, mas se as emoções, a sensação em estar trabalhando nas

Pernamb. forem de satisfação e de gratidão, é muito valioso.

Descasar em Deus, não é uma tarefa fácil, é um exercício diário, pois, ainda temos o nosso Ego, aquele nosso lado sombra tentando sabotar nossa motivação quando queremos permanecer pensando positivo, vibrando alto, mas automaticamente vem a interferência do Ego.

Por exemplo, quando vamos falar com alguém e o diálogo não dá certo ficamos frustrados dizendo para nós mesmos ``caramba, eu estou fazendo tudo certinho e porque aquela pessoa agiu desta forma comigo?`` Temos crenças arraigadas, paradigmas que as vezes nem estamos conseguimos enxergar.

Será que você está consciente neste exato momento? Como está saindo do nosso subconsciente agora? Quais os bloqueios limitantes em nosso subconsciente? O que podemos acessar se estivermos atentos às dimensões existentes?

Com tudo isto, eu creio em uma inteligência, muito maior, uma inteligência que está além do nosso controle cognitivo, além do que acreditamos ser certo ou errado.

Desapegar-se é saber também que estamos interligados a tudo e a todos.

Descansar em Deus, mas, sem deixar de fazer o que nos cabe, com desejo e a certeza do direito de realizar nossos sonhos mais lindos.

Descansar em Deus é seguir com este propósito: FAZER O QUE TEM DE SER FEITO, NA HORA QUE TEM DE SER FEITO E DANDO O MELHOR SEMPRE, atentos aos pensamentos, as intenções, aos julgamentos e as atitudes.
APRENDER DESAPEGAR, SEM DEIXAR DE AMAR.

EU SOU A SUA MÚSICA

Eu sou a música que ecoa em você. Ela toca no meu intimo onde dançam meus pensamentos.

No repit infinito a melodia invade você como a valsa debutante, brilhante, um som apaixonante.

Eu sou a música vibrando cada partícula do seu ser. A faixa te faz sorrir e ter gana de chegar.

Na bela melodia, olho para o céu, observo as nuvens e percebo o vento fresco bater no em meu rosto.

Eu sou o acorde que penetra suas camadas. Ao pisar firme no chão a minha música te invade onde há harmoniosa transcendendo-te como o éter a te aninhar.

Eu sou o sonido alegre e leve que você deseja ouvir. O dedilhado pomposo como o canto dos pássaros raros. As cifras se desprendem o tempo todo pra você, revolvem sua alma, te embebedam, e te dão o colo.

Eu sou a orquestra dando vida aos seus ouvidos adormecidos. Sorrindo e me embalando no solo das cordas, te faço sossegar.

Como os mantras a minha música te chega pra te alegrar.

Eu sou ópera perfeita que te faz viajar, sonhar e te faz acor-dar, para enxergar a beleza e o amor a te rodear.

NA NA NA, HORA INTIMA

Vem pra cá, sem bagagem.

Vem sem carvão, sem bíblia, sem livros, sem velas.

Na minha direção, sem roupas, incensos, vem puro.

Que a pura magia é o sol e a lua.

As estrelas suplicam e os magos enfeitam.

Olha o sol, olha o sol dentro do sol (traga o sol).

Deixe as velas, cruzes e medalhas.

As estatuetas vivem bem sem você.

Então, vem para cá, sem bagagem .

Vem sem carvão, sem bíblia, sem livros, sem velas.

Na minha direção, sem roupas, incensos, vem puro.

Que a pura magia é o sol e a luz.

As estrelas suplicam e os magos enfeitam.

Filho do sol é o meu amor que alimenta você.

Você está onde eu estou na corrente do ar (em todo

lugar).

Meu talismã sopra o fogo quando eu te falo, na na

na...

UM BRILHO

Um brilho no olhar.

A motivação a pulsar.

É a vida latente a cantar.

Um coração vibrante.

Faz nascer muitos sonhos.

É a certeza de ser valente.

A alegria é jogada no universo.

O universo devolve felicidade.

Amor e prosperidade são anexos.

Vibre ama se exponha.

Pessoas precisam de atenção.

Perdoe, faça a vida valer a pena.

Então memorize, equalize seus sonhos.

A frequência é individual.

Você saberá quando estiver bem sintonizado.

Faça com que o universo conspire a seu favor.

Você atrairá o que sua alma desejar.

Agradeça abundantemente, esse é o fator.

HÁ PERFUME

Há perfume em xadrez

Há perfume em amarelo

Há perfume em vermelho

Há perfume em caramelo

Há perfume em cor de rosas

Há perfume nos castiçais

Há perfume em papel em branco

Há perfume nos cristais

Há perfume em verde folha

Há perfume em tons de cinzas

Há perfume em meio a gelo

Há perfume em cor de anízia

Há perfume em leite puro

Há perfume em café

Há perfume em chocolate

Há perfume, onde você quiser.

PAI NOSSO

Pai nosso que estás no céu, livra-me da aflição
Tu que conheces bem meu coração,
dê-me a certeza, e jamais me deixe ao léu.

Santificado seja o vosso nome.
É nele que encontro folego para trilhar meu destino.
Destino por mim desconhecido.
Abstenha-me do pressentimento.
Tire do meu coração a fome.

Venha nós o vosso reino.
Proporcione-me o bem-estar do paraíso.
Que ao pisar no chão não me sinta sacudido.
Que a sua paz esteja sempre comigo.

Seja feita sua vontade aqui na terra como no céu.
Espero, confio, tu tiraras essa dor do meu peito.
Tu podes arrancar-me não quero sexto sentido.
Quero viver em paz.
Não deixe meu coração ao leu.
Por favor, tem piedade.

DEUS CUIDA DE MIM

Deus cuida de mim.

Deus cuida de mim.

Eu estou aqui, pega meu coração e jamais me deixe o

vão.

Te entrego meu coração.

Deus cuida de mim.

Deus cuida de mim.

Eu estou aqui, pega na minha mão e me faça ser feliz.

Me faça ser feliz

Eu sou seu seguidor

Eu tenho o seu amor

Eu ouço a sua voz

Mata minha sede de você

Senhor é o meu querer

Eu sou a paz no seu viver

Eu sou o perdão que eu quero ter.

Deus cuida de mim.

Deus cuida de mim.

Eu estou aqui, sente meu coração

Ele está nas suas mãos

Flameja minha emoção

Ascende meu coração

Deus cuida de mim

Deus cuida de mim

Eu estou aqui, me mostra onde posso ir

Se o paraíso é aqui me ajude a descobrir

Eu sou a luz ao te seguir - Eu sou feliz eu sou feliz...

A MUSICA E EU

Quando ouço uma música,

quando navego pelos acordes de uma canção,

sinto que o som tem tudo a ver.

Tudo tem tudo a ver.

A música, os gritos que dizem mais que mil palavras.

É questão de sensibilidade.

Só sinto. Não sei explicar.

É pura magia, inexplicável.

Acordes vibrando debaixo da pele.

Imagine!

Tente imaginar notas musicais passeando em você.

Tente sentir.

É uma troca, as notas, eu e você.

Tente sentir, será incrível para você também.

NO ENCONTRO ENTRE O EU E O EU

O eu pergunta: Olá! Como vai?

O Eu responde: Eu vou descalça...

O eu pergunta: Está indo aonde?

O Eu responde: Eu já estou...

O eu pergunta: Com o que você trabalha?

O Eu responde: Eu trabalho com a mente...

O eu pergunta: E o que você faz?

O Eu responde: Eu faço Amor...

NIRVE-ANA

Por entre as narinas segues ligando.

Fazendo conexões mil, ativando recônditos escuros.

Iluminando em braseiro toda cinza então.

Tremendo terremoto sutil,

nascendo pela porta do céu,

no deslizamento dorsal, sacral.

Desenroscando a vida.

Dando cor ao sol.

Empoderando-se no ato fetal.

Promovendo aroma de mel.

Explodindo-se em fogo a joia dormida.

Entrelaçando os pés, as mãos, olhares e os cabelos no
amor.

Gritando na liberdade da expressão divina.

Para enxergar o mundo dos mundos.

E em fim, morar eternamente no ar.

No movimento de inspirar e expirar.

MINHA FLOR

Estou casado com a solidão.

Venha minha flor, venha minha paixão.

Só você pode me curar.

Você é a dona do meu coração.

E quando penso em você

me bate forte o desejo.

Minha flor venha logo para os meus beijos.

Não quero mais a solidão .

Ter você é meu tudo.

Vou te dar o céu e o mar.

Te dou a lua meu amor

só para você não me abandonar.

E quando penso em você

me bate forte o desejo.

Minha flor venha logo pros meus beijos.

Minha flor por você reviro o mundo.

Faço chover em um segundo.

Tudo por você minha linda flor.

E quando penso em você

me bate forte o desejo.

Minha flor venha logo para os meus beijos.

O COCÔ DO GATO - SERVE PARA TUDO

Família à mesa, em um bate papo bom.
Esticando assuntos, mamãe nos diz:
"Não consigo limpar cocô de gato!
 A barriga embrulha, passo mal. É sobejo.

Sorrindo lhe digo: - Consegue sim minha mãe!
Senta na cadeira de fio alguns minutos.
Sem resistência solte a barriga, pois é simulação.
Faz cara alegre, pondo a mão na dejeção.

Feche os olhos, relaxe. Faça todo dia, minha rainha.
Pensando brinque com ele, tente sentir o perfume.
Tudo na vida tem beleza, tudo na vida tem amor.
Ainda verás a beleza na consistência do cocô.

Assim, se livrará do nojo, do pavor e do enjoo
sentindo a empatia no coco do seu gatinho.
Todos à mesa e mamãe, riam muito. Eu também ri.
Eles riam em delírio da "orientação" que inferi.

Imaginação autocontrolada foi utilizada por alguns
amigos meus.

Conseguem resolver "problemas", dos grandes, igual ao seu.

Napoleão, Troword, Godard, Eistein, Genevieve, Tesla e a Rhonda.

Esta dica é arretada, por eles, verdade comprovada.

O que eles dizem é: desarmonia está na mente, no programa interior.

É na nossa caixa preta que o coco, é esquisito, feio com fedor.

E, como diz **o** Goldsmith, "é necessário compreender,

Que "os conflitos devem ser reprogramados no software dentro de você.

PÁSCOA

Que Cristo esteja ressuscitado em nosso espírito.

Que o amor renascido por nós não morra jamais em nossa consciência.

Que reflitamos sobre o antes e em que podemos melhorar a partir de agora.

Que o seio familiar seja a base da transmissão da luz pascal.

Que a paz divina nos tonifique.

Que esta data de confraternização sirva para que possamos relembrar o verdadeiro significado da páscoa: A ressurreição de Cristo em nós. A nossa ressurreição.

PAZ, PAZ, PAZ

Paz, paz, paz. Em paz!
É assim que me sinto
quando aperto sua mão.
Te olhando, e olho a olho
te saúdo meu irmão.

Aqui neste momento
dou-te a paz, querido irmão.
Que lá fora a distância
e os contratempos dessa vida não
separe essa união

Que bom é irmão querido
alegrar-se no senhor Jesus
pois, na saída desse encontro
com a Paz ele é quem nos conduz.

FITAS COLORIDAS

Se atirar pra frente, se libertar.

Soltar raízes e caminhar.

Acordar do sono, experimentar.

Da inércia, vegetativa, se libertaar.

Ir com as cores e perfumes se encontraaar.

E se for preciso gritar e chorar eu vou gritar.

Eu quero me jogar, eu vou te surpreender.

Levar fitas coloridas para você eieeh pra você ieieh

pra você eeh

Se atirar para frente, se libertar.

Soltar raízes e caminhar.

Acordar do sono, experimentar.

Da inércia, vegetativa, se libertaar.

Ir com as cores e perfumes se encontaaar.

E se for preciso gritar e chorar eu vou gritar.

Eu quero me jogar, eu vou te surpreender.

Levar fitas coloridas para você eieeh pra você ieieh

pra você eeh.

EU SOU O SEU INTERIOR

Ninguém é, seja lá o que for, somente para si.

Eu sou o que eu sou, para você também.

Eu sou o seu interior.

E o bolo que preparei até agora, está maravilhoso.

Vamos alimentar?

Os necessitados da fome precisam de amor.

Os sem teto, precisam de amor.

Os enfermos do mundo, precisam de amor.

Toda rebeldia está gritando, ``eu quero amor``.

Há muito amor aqui, para você e para mim.

O bolo gigante brilha como luzes do natal.

Eu vou me alimentar, e te dar do melhor, pois, eu

sou o seu interior.

É O MEU SONHO

Eu imagino um dia ter a graça de ver palestras, treinamentos e orientações de grandes nomes do seguimento empresarial, instruindo sobre vendas sem esquecer do livre arbítrio dos amigos consumidores.

Eles são bombardeados por técnicas de persuasão que invadem suas mentes, seu psicológico, levando-o a adquirir produtos que logo depois do ataque (sutil e alegre ataque) perceba que contraiu mais uma dívida.

Esta nova dívida somada aos outros ataques lhe tirarão o sono muitas noites e fará tomar todos os dias uma série de comprimidos tarja preta para os vários sintomas consequentes desses ataques a que se fizeram expostos.

O que leva um vendedor a agir de forma animalesca sobre seus ``eus``, sendo que tudo o que colocamos para fora uma hora volta.

VOCÊ PRECISA DE ALGUÉM QUE TE VIRE A CABEÇA

Você precisa de alguém que te vire a cabeça.

Alguém que te ajude enxergar a sua vida, seu corpo e seus sonhos.

Olhe-se no espelho: rosto amarrado, ego estufado, fala mal de tudo e de todos.

Olhe seus hábitos: O seu corpo, seu parceiro, depende do que você faz com ele e para ele.

Você precisa de alguém que te vire a cabeça!

Quanto tempo você aguenta levando a vida que está levando?

Quanto tempo mais para perceber o seu valor?

Quanto tempo mais para olhar na direção da vida que pulsa em você?

Quanto tempo mais aguentará essa tortura mental e essa dor de alma?

Você precisa de alguém que te vire a cabeça!

Há quanto tempo você faz a mesma coisa toda manhã?

Há quanto tempo come a mesma comida todo domingo?

Há quanto tempo não se dá a oportunidade para experimentar fatos, costumes, sensações e caminhos diferentes?

Você precisa de alguém que te vire a cabeça!
Alguém que te faça ver seu brilho, o seu real brilho.
Alguém que faça explodir o amor e a benevolência de dentro de você.
Alguém que te conheça tão bem que sabe o que faz sorrir.

Você precisa de alguém que te vire a cabeça!
Alguém que lhe ame saberá fazer isso.
Alguém nos seus olhos perceba o diamante.
Alguém que nasceu bem perto de você.
Alguém que te acompanha todos os dias.
Alguém que te ame de verdade, e você ainda não reconheça.
Alguém que vai estar com você até o final dos seus dias.
O único ser capaz de te entender, completamente...

Você só precisa virar a cabeça! Olhe no centro do seu coração e se apresente a você.
Mas, só você irá entender...

O SEU EVEREST

Você acredita que é possível escalar o monte Everest sem se preparar?

Ou tem coragem de entrar na selva sem conhecer os desafios daquele mundo?

Algumas pessoas desejam a saúde, o amor, a prosperidade e a paz, mas, será que elas estão dispostas a pagar o preço?

O inconsciente é como uma grande caixa esquecida que nunca foi aberta totalmente. Ela vai soltando em pequenas doses toda podridão impregnada, camuflada (os traumas de infância, decepções, formas pensamentos de baixa frequência e todo tipo de impacto emocional que você nem imagina) por algumas frestas chamadas de gatilhos.

Este fato faz com que o ser humano vivencie coisas ruins várias e várias vezes, numa repetição dolorosa e massacrante, como a falta de dinheiro, a falta de amor, a falta de saúde e tudo o mais que traga dor.

É hora de limpar a caixa! Algumas pessoas decidem aprender técnicas de limpeza e conservação de sua "caixa", que também tem surpresas boas, mas, estamos mergulhados num sistema onde 99% é desafio, fazendo com que seja necessário focar na varredura de tudo o que está embaixo da tampa.

Varrer, jogar água, passar aspirador, queimar o entulho e aprender novas técnicas sempre para ajudarão a iluminar o interior. Assim, você estará pronto para novas, elevadas e alegres experiências.

Tomar consciência de que cada um é o responsável por sua colheita, pois escolhe cada semente que planta é a base.

Vamos limpar o subconsciente?
Vamos trazer experiências de alegria e Amor?
Qual decisão você toma agora?

Uma simples atitude pode ser o marco da decisão de trazer a beleza, o amor, prosperidade e a alegria para sua vida. Qual atitude você pode fazer hoje para mudar sua história e criar novos caminhos?

PROFUNDA-MENTE NO CORAÇÃO

Se atreves ir além da lógica?

Porque nos trancaram em casa?

O blá, blá, blá é exaustivo e maçante.

Colam os olhos a hipnose volante.

Tira o sono, atrapalha os sonhos.

O que estamos fazendo?

O que estais fazendo agora?

Em blá, blá,blá coelhinhos de pandora

Porque não perguntas: é isso mesmo?

O blá, blá, blá aumenta massivamente.

O que tira seu sono?

O que atrapalha seu sonho?

Tantos curativos "rápidos", há ruídos no ouvido.

O blá, blá, blá é exaustivo e maçante.

O mercúrio nas feridas endurecem as faces.

Há dores sufocadas debaixo das gases.

Alguns bebem a verdadeira cura.

E segue em blá, blá,blá os coelhinhos

De onde vem tantas máscaras?

Tantas "ovelhas" com tantas máscaras.

A sua cápsula, virou ring esculápio.

Tantas poções, tantos remédios "fáceis".

Subir além da lógica não fácil!

O blá, blá, blá alucinante ficou portátil.

O que tira seu sono?

O que atrapalha seu sonho?

Quando você do casulo brotar

verás o real motivo de voar.

GRATIDÃO, SENHOR

Eu te agradeço senhor!

Hoje tenho noção do seu amor.

E mais que nunca preciso de ti.

Você me dá a paz verdadeira.

Só você vem e me completa.

Seu amor, senhor me refaz.

Seu amor me faz crescer.

E me aceitas como sou.

Pegue meu coração agora eu lhe dou.

Você me pegou e tudo clareou.

Seu amor me fez entender o motivo real do meu viver.

Põe-me nos teus braços ó Pai.

Agora, me faz adormecer.

E na sua ternura faz-me renascer.

Só nos seus braços eu posso suportar.

Todas as coisas que tenho que viver.

Ó Deus, bom é poder contar com seu poder.

Das angustias me livras com carinho.

Confio em vós meu Deus querido.

A qualquer hora, para qualquer desafio.

Senhor meu eterno amigo.

te dedico todo meu amor.

Todas as horas da minha vida.

te amo e te preciso.

OM HARE

Porquê lágrimas molhadas de tristeza
se nos teus olhos, eu moro?
Porquê o medo do meu corpo
se você abriu e guarda a chave?

Ôm Hare! Ôm Ôm Hare!
Ôm Hare! Ôm Ôm Hare!

Enquanto os amantes todos, choram
voce relaxa em mim agora.
Nos meus cabelos, no meu canto.
Os meus guinomos te acolhem

E cantam: Ôm Hare! Ôm Ôm Hare!
Ôm Hare! Ôm Ôm Hare!

Abra os seus olhos um instante
e cheire as flores do agora.
Não tenha medo da Floresta
as minhas fadas te acordam.
E cantam: Ôm Hare! Ôm Ôm Hare!
Ôm Hare! Ôm Ôm Hare!

A REPROGRAMAÇÃO

O fim é apenas o começo

Estamos chegando ao final de um ciclo e como sempre digo aos meus alunos: "O fim é apenas o começo".

Agora responda novamente as perguntas abaixo para comparar com suas respostas do início desta obra. Ah, não olhe suas respostas do início do livro antes de responder novamente aqui agora.

Vamos lá?

Quem é você?

____

____

____

Como você está se sentindo neste exato momento onde você está anote a cidade, a data e a hora: Hoje aqui na cidade de ___________, ______**de** ______**as** ______:______estou me sentindo

____

____

____

____

____

____

____

____

____

____

Qual o seu objetivo ao ler este livro?

____

____

____

Qual o seu maior sonho, aquele que você acredita ser quase impossível realizar mais nesta vida?

____

____

____

____

____

____

Pronto. Agora olhe as respostas do início destas páginas e compare se houve alguma mudança. Se houve reflita. Se não houve reflita e questione-se amorosamente.

Para finalizar este doce e intenso processo analítico realize o exercício proposto a seguir durante 21 dias para reprogramar seu cérebro.

Você pode simplesmente fazer esta leitura todos os dias antes de dormir, quando já estiver na cama.

Ou se preferir poderá gravar com seu celular sua própria voz lhe guiando nesta reprogramação.

Basta seguir as orientações do exercício e se dedicar por alguns minutos todos os dias durante pelo menos 21 dias a resgatar ou melhorar sua conexão interior.

EXERCÍCIO DE TRANFORMAÇÃO –
REPROGRAMAÇÃO MENTAL

MENTE SÃ CORPO SÃO - O GRANDE
RENCONTRO
(siga as orientações)

Coloque-se em uma posição confortável.
Deite-se com os braços esticados ao lado do corpo
OU sente-se com a coluna ereta e mantenha as mãos
em cima das pernas.

- Inspire profundamente e segure o ar um instante no peito e solte lentamente.
- Inspire profundamente e segure o ar um instante no peito e solte lentamente.
- Inspire profundamente e segure o ar um instante no peito e solte lentamente.

COMECE A RELAXAR CADA PARTE DE
SEU CORPO;

• Quando eu me dirigir a uma parte, leve toda a sua consciência à ela, como se somente ela existisse, nada mais, e relaxe-a inteiramente, completamente;

• Dirija-se para seus pés, relaxe inteiramente os seus pés (dedos dos pés, planta, calcanhares, tornozelos). Sinta seus pés, inteiramente relaxados;

• Dirija-se para suas pernas, dos tornozelos até os joelhos. Relaxe inteiramente suas pernas;

• Dirija-se para suas coxas, dos joelhos até os quadris. Relaxe inteiramente suas coxas;

• Dirija-se para seus quadris, toda a área de seus quadris. Relaxe suas nádegas e órgãos genitais;

• Dirija-se para o seu abdômen. Relaxe os músculos do abdômen e órgãos internos;

• Dirija-se para o seu tórax. Relaxe toda a área de seu tórax

• Dirija-se para as suas costas (da base da coluna até o pescoço). Relaxe os músculos das costas e vértebras da coluna;

• Dirija-se para os seus braços. Relaxe os dedos, mãos, pulsos, antebraços, cotovelos, braços, ombros;

• Dirija-se para o seu pescoço. Relaxe os músculos do pescoço, garganta, cordas vocais;

• Dirija-se para sua cabeça. Relaxe seu queixo, maxilares, boca (a língua deve estar solta), nariz, faces, orelhas, testa, nuca, topo da cabeça;

• Você está inteiramente relaxado;

• Permita-se, agora, entregar-se inteiramente a energia de amor, transformação.

Agora quero que conte comigo 300 e quando eu parar de contar você continua contando....

299, 298, 297, 296, 295, 294, 293, 291, 290, 289, 288, 287, 286, 285, 284, 283, 282, 281.....

Você está consciente de que chegou até aqui porque está disposto a mudar algo em você ou na sua vida.

Você está decidido e focado para transformar o que for necessário em seu comportamento, em sua mente, em seus hábitos e ações.

A muito tempo você vem buscando por este momento e eu tenho alguém para lhe apresentar:
Oi, que bom, que bom que você veio, eu te procurei tanto.
Você andou se escondendo¿ Ou esteve perdido?
O que importa agora é que nos encontramos novamente e eu vou te mostrar.

Me conte sobre sua vida... Como você está. E estes sinais no seu rosto¿

Como conseguiu isto?

Segura Minha Mão, Olhe bem nos meus olhos.

Eu quero que você prometa, prometa que a partir de hoje vai estar comigo sempre. E que dê agora em diante tudo será diferente.

Repita comigo: Eu prometo que a partir de hoje vou me olhar sempre.

Prometo que estarei atento a luz do sol, ao Brilho da Lua, ao encanto das Estrelas e a força da terra.

Prometo cuidar bem do corpo, sempre perguntando o que lhe faz bem e o que é mais saudável para a vida.

Prometo que toda vez que o corpo der alarme em forma de dor ou qualquer problema farei conexão silenciosa com ele imediatamente para entender o que posso mudar em meu comportamento, em minha visão ou no julgamento a outros seres e fazer o alinhamento para fluir harmonia rapidamente e uma parceria plena.

Me diga: a partir de agora eu estou consciente de que sou responsável pela minha Colheita pois, eu escolho cada semente que planto.

Diga: eu prometo que todos os dias dedicarei tempo para conversar com O Criador de todas as coisas pois, estou ciente de que essas meditações e orações me colocarão na frequência da Fortaleza e assim terei as respostas, inspiração e solução para o que eu precisar.

Me diga: eu prometo estar atento 100% do tempo e sempre que surgir um desafio me perguntarei:

O que de melhor posso fazer?

O que pode melhorar?

Como posso mudar?

O quê de melhor posso oferecer aos seres que cruzarem meu caminho?

O que posso oferecer de melhor a este corpo que me conduz nesta jornada?

Prometo que a partir de hoje estarei atento e agradecida a água que me lavra, ao vento que balança as árvores, ao fogo que clareia e transforma a vida e os alimentos.

Prometo estar grata a cada árvore, e amar e respeitar os animais.

Prometo que vou apreciar as montanhas e o pó da terra, o brilho gratuito do Sol, a beleza das flores, as nuvens no céu e o ar que preenche os pulmões fornecendo a dádiva da vida a cada a cada inspiração e expiração.

Eu prometo andar pela terra consciente de quem eu sou e vivificar minha existência em cada atitude e em cada passo que dou.

Prometo amar a terra como se ama a mãe que Nutri, abraça e acolhe.

Prometo estar grata e alegre em sentir os raios fortes e quentes e iluminados do Sol, assim como se é grato ao pai que fornece a essência da vida

Prometo olhar várias vezes no espelho e dizer olhando nos olhos como sou grato.

Direi alegremente no espelho:

Eu amo você

Eu amo você

Eu sinto muito pelo que se passou.

Eu te amo eu te amo. Obrigada, Obrigada.

Me prometa olhando nos meus olhos que estará sempre comigo.

Diga: eu prometo estar conectada ao criador que dá a substância para me magnetizar atraindo o novo em abundancia todos os dias.

Prometo olhar cada fato, cada ser, cada acontecimento de forma amorosa sabendo que todos estamos aqui para aprender buscando a felicidade.

A partir de agora minha consciência está focada no bem maior de tudo e de todos e eu estou muito feliz. Nosso reencontro está perfeito e para a chave Mestra para harmoniosas realizações.

Quero que Me prometa alimentar o corpo fornecendo suprimento nutritivo saudável e fortalecedor todos os dias.

Diga: a partir de hoje eu escolho nutrir a mente com conteúdo saudáveis que nos manterá ligados a paz, saúde e a prosperidade. Aprenderei suprimentos elevados para a mente sempre em abundancia todos os dias.

A partir de hoje andaremos de mãos dadas e conversaremos sobre tudo com tranquilidade.

A partir de agora quero ver o sorriso no seus olhos, e ouvir seus lábios contando as belezas da vida por onde você for.

Partir de hoje você está iluminado com o poderoso brilho da Lua e será reconhecido por onde passar.

A partir de hoje sua presença será percebida como uma grande esfera dourada que leva alegria, sabedoria e paz.

A partir de hoje a consciência divina preenche sua mente lhe oferecendo inspiração e ideias jamais conhecidas antes.

A partir de hoje suas mãos são abençoadas magicamente e tudo o que você fizer se transformará em ouro puro que espalha riquezas.

A partir de agora eu sou a extensão da consciência Divina que traz cores a este mundo.

Eu sou o azul dá tranquilidade e paz de todos os domingos.

Eu sou o amarelo da sabedoria e riqueza de toda segunda-feira.

Eu sou o rosa do amor Incondicional de toda terça-feira.

Eu sou o verde da prosperidade e da Saúde de toda quinta-feira.

Eu sou o vermelho rubi da comunicação e da limpeza de toda sexta-feira

E quando eu precisar eu sou os atributos da cor branca de toda quarta-feira, pois, o branco é a consciência de todas as cores juntas.

REPITA COMIGO:

Eu sou o arco-íris da consciência Divina.

Eu sou a ressureição e a vida da minha vida.

Eu sou a luz no meu caminho

Eu sou o amor em ação

Eu sou a prosperidade manifestada

Eu sou o arco-íris da consciência divina

Eu estou muito feliz por ter te reencontrado depois da sua longa amnésia.

Segure minhas mãos, me dê um abraço.

Eu estou aqui.

EXTRAVAZAR

Deixe o AMOR extravasar...Percorrer estradas, navegar em altos mares, voar livre e alcançar os que O querem.

Deixe o AMOR invadir os seios, penetrar as entranhas e transformar as faces, até fazer o caminho de volta a ELE.

Quem é a Dra. Sandrà Staff

Dra. em neurociências pela universidade Martin Lutero de MiamI na Flórida - EUA.
Especialista em Neurociências e Aprendizagem.
Coach Pela Febracis.
Formada em administração de Empresas.

Terapeuta Helenari Healing Sistem

Terapeuta em Florais de Bach.

Terapeuta Cabalista.

Consteladora Sistemica Familiar

Master em Reiki Usui.

Master em Hipnóse Clinica.

Numeróloga Cabalista.

Psicoterapeuta.

 Hipnóloga Clínica.

Neurocientista.

As atuações da Dra. Sandrà Staff:

- ▶ Há 9 anos ajudando as pessoas nos mais variados tipos de problema, como relacionamento, problemas emocionais, espirituais.
- ▶ Já formou mais 3.000 alunos e já ajudou uma média de 6 mil pessoas em atendimentos, aulas, treinamentos e trabalhos sociais.
- ▶ CEO da Escola dos Terapeutas
- ▶ Autora de 5 Livros – O livro Roma Meu, o livro Portais e Con-ciência do Amor, o Livro O Poder dos Mantras e Con-Ciência do Equilíbrio.
- ▶ Coautora de 2 livros – Alma estrelada e o livro 3ºAto

Como Ativista Consciencial, acredito que: Todo ser humano deve se dar a oportunidade de transformar a sua mente, sua vida e seu ambiente.